언플러그드 놀이 2

YoungJin.com Y.
영진닷컴

놀이를 통해 쉽게 배우는 우리 아이 첫 소프트웨어

언플러그드 놀이 2

초판 1판 1쇄 발행 : 2017년 1월 23일
1판 3쇄 발행 : 2019년 4월 22일
발행인 : 김길수
발행처 : ㈜영진닷컴
등 록 : 2007. 4. 27. 제16-4189호.
이메일 : support@youngjin.com
주 소 : (우)08505 서울특별시 금천구 가산디지털2로 123 월드메르디앙벤처센터2차 10층 1016호 ㈜영진닷컴

Copyright ⓒ 2019 by Youngjin.com Inc.
1016, 10F. Worldmerdian Venture Center 2nd, 123, Gasan digital 2-ro, Geumcheon-gu, Seoul, Korea 08505
All rights reserved. No part of this book may be reproduced or transmitted in any form or by any means, electronic or mechanical, including photocopying, recording or by any information storage retrieval system, without permission from Youngjin.com Inc.

ISBN 978-89-314-5507-6

독자님의 의견을 받습니다.
이 책을 구입한 독자님은 영진닷컴의 가장 중요한 비평가이자 조언가입니다. 저희 책의 장점과 문제점이 무엇인지, 어떤 책이 출판되기를 바라는지, 책을 더욱 알차게 꾸밀 수 있는 아이디어가 있으면 팩스나 이메일, 또는 우편으로 연락주시기 바랍니다. 의견을 주실 때에는 책 제목 및 독자님의 성함과 연락처(전화번호나 이메일)를 꼭 남겨 주시기 바랍니다. 독자님의 의견에 대해 바로 답변을 드리고, 또 독자님의 의견을 다음 책에 충분히 반영하도록 늘 노력하겠습니다.

파본이나 잘못된 도서는 구입하신 곳에서 교환해 드립니다.

STAFF
저자 신갑천, 홍지연 | 총괄 김태경 | 진행 정소현 | 표지, 내지 디자인 고은애 | 인쇄 제이엠

인사말

'언플러그드 놀이' 책이 많은 분들의 관심과 응원 속에 또 다른 레벨업을 세상에 내놓게 되었습니다. 처음 선보인 책이 언플러그드 놀이를 소개하고, 저학년 아이들도 쉽고 재미있게 놀이를 통해 컴퓨팅 사고력을 키우면서 컴퓨터 과학의 개념도 배우는 소프트웨어 교육 입문서였다면 이번 레벨업은 좀 더 재미있고, 심도 있는 놀이와 더불어 다양한 컴퓨팅 분야의 이슈들을 놀이를 통해 알아볼 수 있도록 하였습니다.

유아교육의 아버지로 불리는 독일의 교육자 프리드리히 프뢰벨은 아이들이 가진 독특성을 인정하고 개개인이 가진 개성을 존중해야 한다고 말하였습니다. 이때 아이들의 자발적인 독특성을 성장시키는 활동으로 놀이의 가치를 높이 평가하였습니다. 이 책에서 소개되는 놀이들도 이런 아이들의 창의적인 사고력, 특히 컴퓨팅 사고력을 키우는데 도움이 되는 소프트웨어 교육 콘텐츠입니다. 생각하고, 만들며, 함께 뛰어 노는 가운데 우리 아이들의 사고가 더욱 커지리라 생각됩니다.

많은 부모님들과 선생님, 그리고 우리 아이들이 이 책과 함께 소프트웨어 교육을 놀이처럼 즐겼으면 좋겠습니다. 특히 우리 아이들이 처음 접하게 되는 소프트웨어 교육에 대한 막연한 두려움을 이 책을 통해 극복하고 체험하고, 놀면서 성장해가기를 바랍니다. 정해진 답을 따라가기 보다는 자기만의 상상력으로 여기에 제시된 놀이보다 더 재미있게 즐기는 모습 또한 기대합니다.

| 저자 소개 |

신 갑 천
초등학교 교사
경인교육대학교 대학원 초등컴퓨터교육 석사
저서 : 버그마왕과 엔트리월드의 위기(위키북스), Hello! 소프트웨어(EBS),
　　　언플러그드 놀이(영진닷컴), Why? 코딩워크북(예림당)

홍 지 연
초등학교 교사
한국교원대학교 대학원 초등컴퓨터교육 박사과정
저서 : 이야기와 게임으로 배우는 스크래치(위키북스), Hello! EBS 소프트웨어(EBS),
　　　언플러그드 놀이(영진닷컴), Why? 코딩워크북(예림당)

소프트웨어와 친해지는
언플러그드 놀이

❶ 소프트웨어 교육 이렇게 시작하세요!

▶▶▶ **소프트웨어 교육, 왜 필요한가요?**

우리는 지금 스마트폰으로 쇼핑을 하고, 인터넷 검색을 통해 어떤 정보라도 쉽게 찾아볼 수 있는 세상에 살고 있습니다. 앞으로 우리가 살아갈 세상은 어떻게 변할까요? 무인 자동차가 일상화되고, 로봇이 수술을 하며, 스마트폰 하나로 집안의 모든 기기들을 원격으로 제어하는 시대가 될 것입니다. 이 모든 변화를 가능하게 하는 것이 바로 '소프트웨어'입니다. 이렇게 소프트웨어가 움직이는 세상에서 살아갈 우리 아이들이 소프트웨어에 대해 알아야 하는 것은 당연한 이야기가 될 것입니다. 또한 소프트웨어는 어떠한 문제 상황을 해결한 결과물이기 때문에 소프트웨어에 대해 공부한다면 문제를 해결하는 방법을 생각하고, 실제로 이를 해결할 수 있는 능력도 키울 수 있습니다.

▶▶▶ **소프트웨어 교육을 어떻게 시작해야 할지 모르겠다고요? 언플러그드 놀이로 시작하세요!**

그렇지만 당장 소프트웨어를 어디서부터 어떻게 배워야 할지, 우리 아이들에게 어떻게 소개해야 할지 모르겠다고요? 그렇다면 소프트웨어 교육을 언플러그드 놀이로 시작해 보면 어떨까요?

언플러그드(Unplugged)란? 말 그대로 플러그가 연결되지 않고 분리된, 즉 컴퓨터의 연결 없이 이루어지는 컴퓨터 교육 활동을 말합니다. 컴퓨터를 공부하는데 컴퓨터가 없다니? 컴퓨터의 작동 원리나 컴퓨터 공부를 할 때 필요한 개념 등을 컴퓨터 없이 게임이나 놀이를 통해 배우는 활동이 바로 언플러그드라고 할 수 있습니다.

언플러그드 놀이는 누구나 쉽게 배울 수 있을 정도로 아주 재미있습니다. 게임이나 놀이를 싫어하는 어린이는 없으니까요. 신나게 놀다 보면 자연스럽게 컴퓨터 과학의 개념들이나 컴퓨터의 작동 원리를 배울 수 있게 됩니다. 그러니 소프트웨어 교육의 시작으로 이만한 활동도 없는 것이죠!

❷ 숨은 컴퓨팅 사고력을 키워주세요!

▶▶▶ **컴퓨팅 사고력이란 무엇일까요?**

사람도 컴퓨터처럼 일을 잘 처리할 수 있을까요? 당연히 그럴 수 있죠! 문제를 효율적으로 해결하는 사고 능력

언플러그드 소프트웨어 놀이를 시작하기 전에 꼭 알고 가야 할 활동 개념을 소개합니다.

만 있다면 말이죠. 이 사고 능력은 컴퓨터가 일을 처리하는 방식으로 컴퓨팅 사고력이라고 부릅니다. 즉, 컴퓨팅 사고력을 키울 수 있다면 우리도 컴퓨터처럼 일을 척척 해결할 수 있다는 이야기가 되겠죠?

❸ 이것만은 주의해주세요!

▶▶▶ 놀이를 통해 자연스럽게 배우되, 놀이만으로 끝나지 않게!

언플러그드는 놀이를 통해 자연스럽게 학습이 이루어집니다. 신나게 놀고난 후 어떤 점을 알 수 있었는지, 놀이를 하면서 했던 생각이 어떤 사고 과정인지 충분히 이야기해주세요. 예를 들어, '도토리 키 재기' 놀이에서 빨대를 순서대로 정리한 다음, 컴퓨터가 바로 이런 방법으로 자료를 정리한다는 사실을 알 수 있게 해주는 것이죠.

놀이가 놀이만으로 끝나지 않게, 의미를 가질 수 있게 해주세요.

▶▶▶ 스스로 할 수 있게 도움만 주세요!

잘하지 못한다고 끼어들어서는 안됩니다. 아직은 어린 친구들이기 때문에 시행착오는 당연히 있을 수 있습니다. 그렇다고 그때마다 끼어들어 알려준다면 아이들은 놀이의 과정에서 충분히 생각할 수 없게 됩니다. 시행착오를 겪고, 스스로 고쳐나가는 과정에서도 우리 아이들은 성장할 수 있습니다. 칼이나 불을 사용하는 위험한 경우와 같이 꼭 필요할 때만 도움을 주도록 하세요.

▶▶▶ 언플러그드 놀이는 소프트웨어 교육의 시작임을 잊지 마세요!

언플러그드 놀이는 소프트웨어 교육의 시작이라고 볼 수 있습니다. 놀이를 통해 컴퓨팅 사고력과 컴퓨터 과학의 개념을 하나씩 익혀 나중에 본격적으로 소프트웨어 교육을 시작할 때 적용할 수 있습니다. 따라서 언플러그드 놀이로 우리 아이들이 소프트웨어 교육에 흥미를 가지기 시작했다면, 아이의 나이에 맞는 적절한 소프트웨어 교육을 시작해도 좋습니다. 온라인 프로그래밍 학습 도구인 'code.org'나 'play-entry.org'와 같은 사이트를 활용한다면 프로그래밍의 기초적인 원리를 배울 수 있게 된답니다. 이에 대한 자세한 내용은 마지막 장에서 자세히 설명하겠습니다.

차례

PART 01 프로그래밍 원리로 컴퓨팅 사고력을 키우는 언플러그드 SW 놀이

❶ 로봇은 내 친구 ······ 12
- 언플러그드 SW 놀이를 시작해요!
- 사고력 더하기
- Special page 로봇이 신문 기사를 써준다?!

❷ 연필 코딩을 해보자 ······ 16
- 언플러그드 SW 놀이를 시작해요!
- 사고력 더하기
- Special page 펜슬 코드(Pencil Code)

❸ 릴레이 프로그래밍 ······ 20
- 언플러그드 SW 놀이를 시작해요!
- 사고력 더하기
- Special page 디버깅과 디버거

❹ 화분에 씨앗심기 ······ 26
- 언플러그드 SW 놀이를 시작해요!
- 사고력 더하기
- Special page 농사짓는 로봇

❺ 아이콘 디자이너 ······ 30
- 언플러그드 SW 놀이를 시작해요!
- 사고력 더하기
- Special page 랜드마크

❻ 날아라! 슈퍼볼! ······ 36
- 언플러그드 SW 놀이를 시작해요!
- 사고력 더하기
- Special page 모둠 점수를 자동으로 계산해줘요!

❼ 범인을 찾아라! ······ 40
- 언플러그드 SW 놀이를 시작해요!
- 사고력 더하기
- Special page 경찰, 검찰도 못 잡은 범인 밝혀낸 일반인! 누리꾼 수사대!

❽ 놀이봇의 여행(1) – 반복 속의 반복 ········· 44
언플러그드 SW 놀이를 시작해요!
사고력 더하기
Special page 반복문의 중첩

❾ 놀이봇의 여행(2) – 조건 속의 조건 ········· 50
언플러그드 SW 놀이를 시작해요!
사고력 더하기
Special page 팁오버(TIPOVER) 게임

❿ 놀이봇의 여행(3) – 명령어를 하나로 모아서 ········· 56
언플러그드 SW 놀이를 시작해요!
사고력 더하기
Special page 라이트봇(Lightbot)

⓫ 조건 게임 ········· 62
언플러그드 SW 놀이를 시작해요!
사고력 더하기
Special page 생활 속 여러 가지 조건들과 알고리즘

⓬ 패턴 카드 놀이 ········· 66
언플러그드 SW 놀이를 시작해요!
사고력 더하기
Special page 세트(SET) 게임

⓭ 수도코드 놀이 ········· 74
언플러그드 SW 놀이를 시작해요!
Special page 흐름도

⓮ 율동 만들기 ········· 78
언플러그드 SW 놀이를 시작해요!
사고력 더하기
Special page 춤추는 로봇

차례

PART 02 컴퓨터 과학의 개념과 최신 컴퓨팅 이슈를 배우는 언플러그드 SW 놀이

❶ 손전등 암호 놀이 ·· 86
  언플러그드 SW 놀이를 시작해요!
  사고력 더하기
  Special page SOS 모스 부호의 의미

❷ 시계의 비밀을 풀어라! ·· 90
  언플러그드 SW 놀이를 시작해요!
  사고력 더하기
  Special page 이진수 시계

❸ 내 마음을 표현해! ··· 94
  언플러그드 SW 놀이를 시작해요!
  사고력 더하기
  Special page 알고 보면 더 재미있는 픽토그램!

❹ 내겐 가장 무거운 지우개 ··· 98
  언플러그드 SW 놀이를 시작해요!
  사고력 더하기
  Special page 포크 댄스 영상으로 선택 정렬을 이해해요!

❺ 줄 서는 병정들 ·· 102
  언플러그드 SW 놀이를 시작해요!
  사고력 더하기
  Special page 버블 정렬의 방법으로 자리 바꾸기를 해보세요!

❻ 프랙털 카드 만들기 ·· 106
　　언플러그드 SW 놀이를 시작해요!
　　사고력 더하기
　　Special page　생활 속에서 찾은 프랙털 원리!

❼ 오토마타, 빨대 목마 만들기 ·· 110
　　언플러그드 SW 놀이를 시작해요!
　　Special page　오토마타의 세계! 일본의 카라쿠리 인형

❽ VR? 가상현실 속으로 ·· 114
　　언플러그드 SW 놀이를 시작해요!
　　사고력 더하기
　　Special page　VR로 재난 상황을 체험해 봐요!

❾ AR? 증강현실 속으로 ·· 118
　　언플러그드 SW 놀이를 시작해요!
　　사고력 더하기
　　Special page　포켓몬 고! AR이 현실이 된 게임!

❿ 적정기술, 와카워터 만들기 ·· 122
　　언플러그드 SW 놀이를 시작해요!
　　Special page　와카워터의 원리

PART 01

프로그래밍 원리로 컴퓨팅 사고력을 키우는 언플러그드 SW 놀이

① 로봇은 내 친구

② 연필 코딩을 해보자

③ 릴레이 프로그래밍

④ 화분에 씨앗심기

⑤ 아이콘 디자이너

⑥ 날아라! 슈퍼볼!

⑦ 범인을 찾아라!

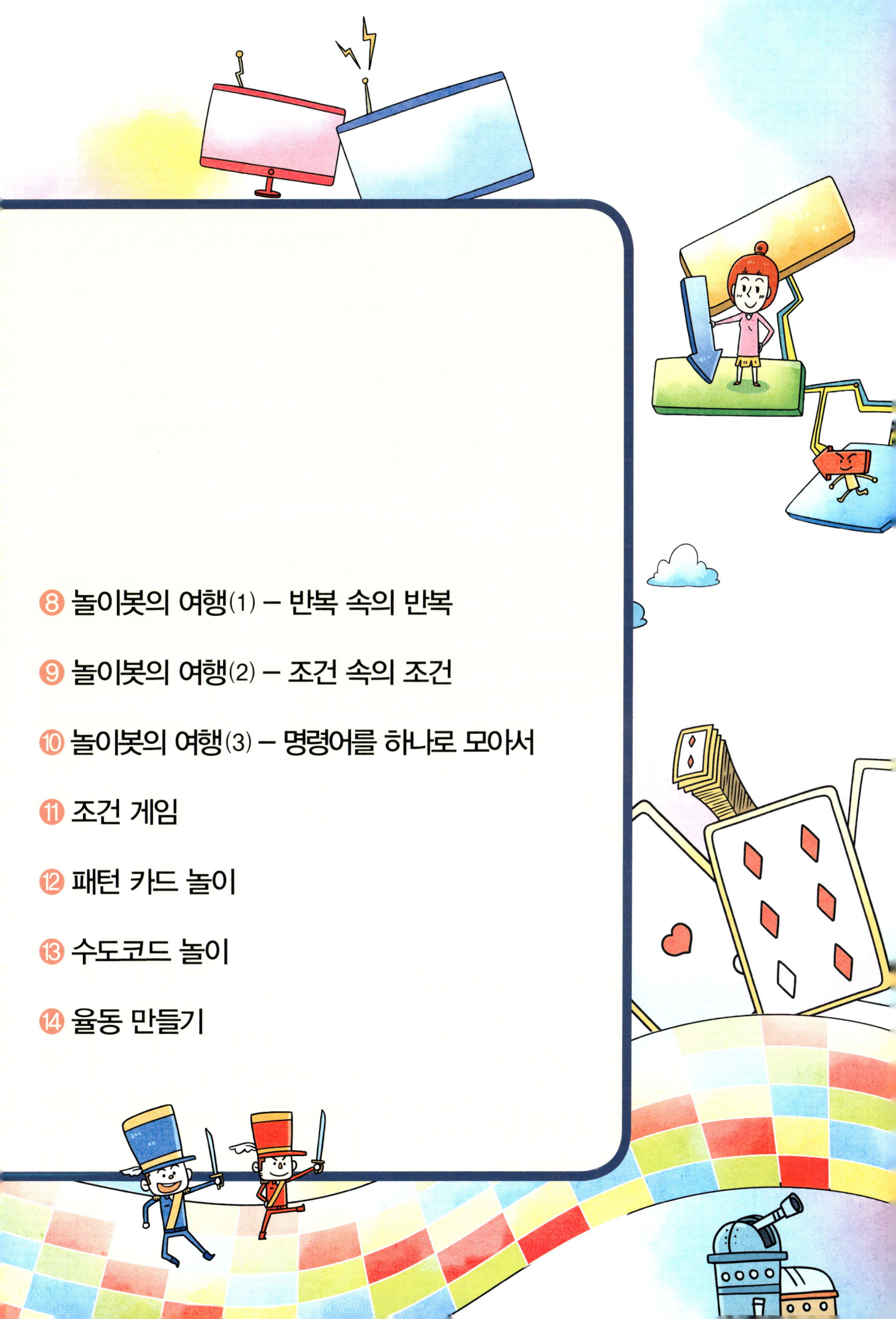

❽ 놀이봇의 여행⑴ – 반복 속의 반복

❾ 놀이봇의 여행⑵ – 조건 속의 조건

❿ 놀이봇의 여행⑶ – 명령어를 하나로 모아서

⓫ 조건 게임

⓬ 패턴 카드 놀이

⓭ 수도코드 놀이

⓮ 율동 만들기

SECTION 01

로봇은 내 친구

컵 쌓기를 해 본 적이 있나요?
만약 나를 대신해서 로봇이 컵 쌓기를 하게 하려면 어떻게 명령을 내려야 할까요?

- **난이도**: ★★☆
- **소요시간**: 20분
- **준비물**: 스피드스택스 컵 또는 종이컵, 명령 기호 작성지(부록 1?)
- **놀이인원**: 2인 이상

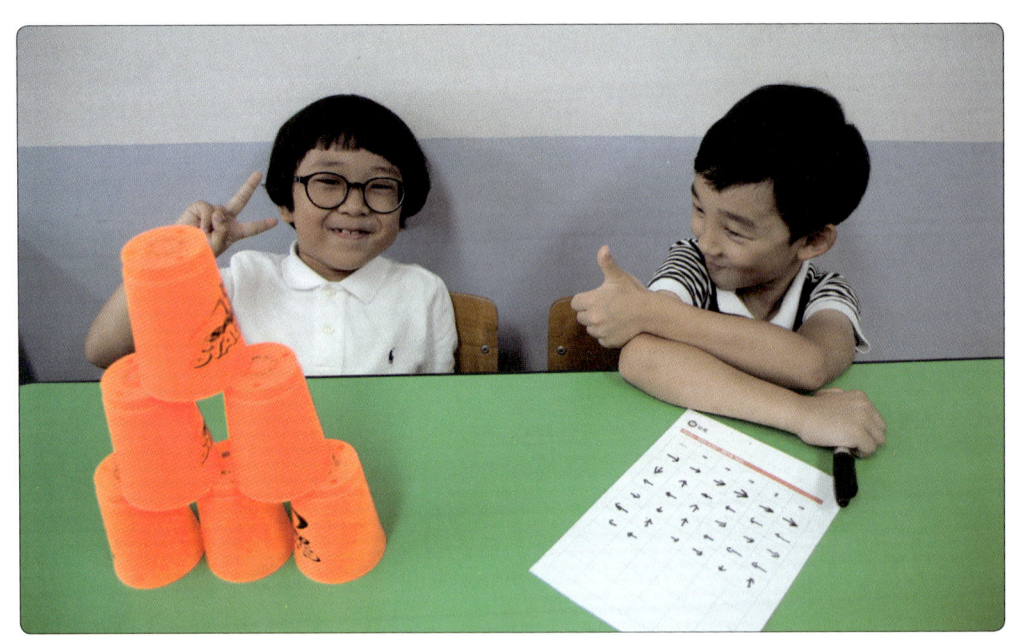

소프트웨어 놀이를 준비해요!

- **놀이 목표**
  컵 쌓기 놀이를 통해 순차와 반복 익히기

- **놀이 약속**
  컵을 옮기는 간격을 똑같이 해주기

- **수업 활동**
  6-2 수학 1. 쌓기 나무

알고리즘

이 놀이는
한 사람은 프로그래머가, 또 한 사람은 로봇(또는 컴퓨터)이 되어 프로그래머의 명령에 따라 컵을 쌓는 놀이입니다. 명령을 내릴 때는 순서대로 내리고, 반복되는 부분은 묶어서 간단하게 표현할 수 있음을 알게 됩니다.

언플러그드 SW 놀이를 시작해요!

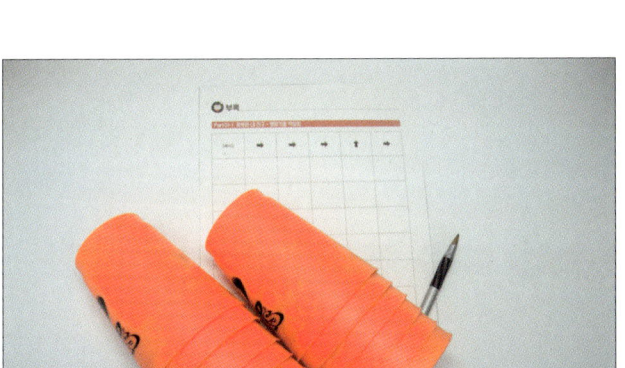

❶ 스피드스택스 컵 또는 종이컵과 명령을 작성할 종이를 준비합니다.

〈명령어 약속하기〉

↑	컵을 듭니다.
↓	컵을 내려 놓습니다.
→	반 칸 오른쪽으로 갑니다.
←	반 칸 왼쪽으로 갑니다.
↰	컵을 왼쪽으로 90도 회전합니다.
↳	컵을 오른쪽으로 90도 회전합니다.

❷ 명령 기호를 보고 어떻게 명령을 내려야 하는지 생각해봅니다.

❸ 컵을 어떻게 쌓을 것인지 잘 생각해서 명령 기호를 활용해 명령문을 작성합니다.

❹ 명령문대로 컵 쌓기를 해봅시다. 어떤 모양이 되었나요? 다양한 모양의 컵 쌓기 명령을 내려보세요!

놀이 tip

프로그래머는 한 사람이지만 명령에 따라 컵을 쌓는 로봇 또는 컴퓨터 역할을 하는 친구는 여러 명이 할 수 있어요. 누가 명령을 더 빨리 수행하는지 비교하는 게임을 해도 좋습니다.

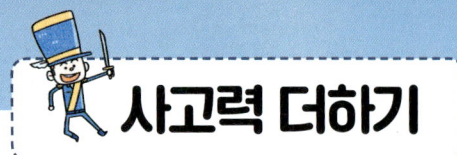

① 반복되는 명령 기호들은 묶어서 한 번만 명령을 내려도 좋습니다.

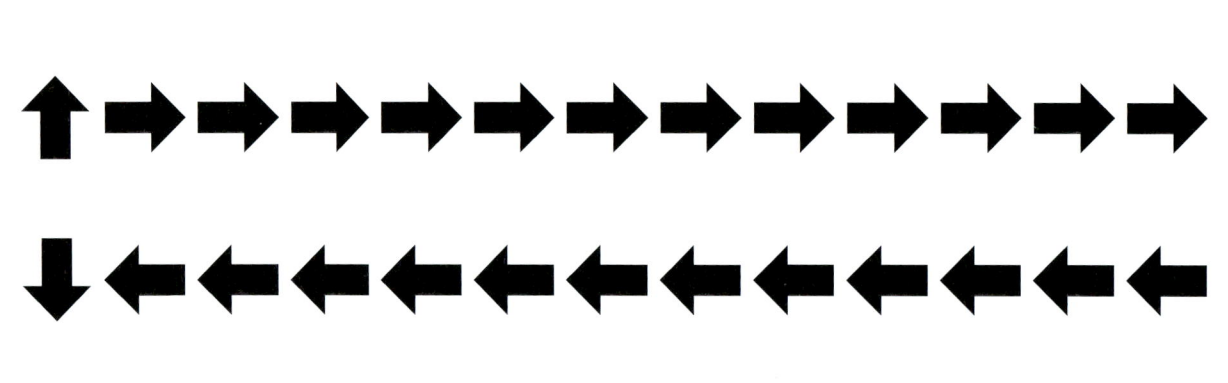

② 이렇게 긴 명령 기호를 묶어서 아래처럼 간단하게 표현할 수 있지요! 이것을 반복 구문이라고 합니다.

↑➡(12)

⬇⬅(12)

로봇이 신문 기사를 써준다?!

"테슬라 모터스가 지난해보다 소폭의 손실을 기록할 것으로 예상된다. 전문가들은 2013년 8월 7일 전년 대비 주당 36센트의 손실을 볼 것으로 전망했다."

위 기사는 미국의 경영 잡지이자 온라인 미디어 '포브스'에 실제로 올려진 기사입니다. 그런데 이 기사는 사람이 쓴 것이 아닙니다. 로봇이 소프트웨어 알고리즘에 의해 작성한 기사인 것이죠. 미국의 스토리텔링 스타트업 '네러티브 사이언스'가 만든 소프트웨어인 퀼(Quill)이라는 로봇이 작성한 기사라고 하니, 정말 놀랍지요? 기사문에서 반복되는 패턴을 분석하여 기사 작성 알고리즘을 만들어 핵심 단어들만 입력해주면 자동으로 기사를 완성해주는 소프트웨어인 것이죠.

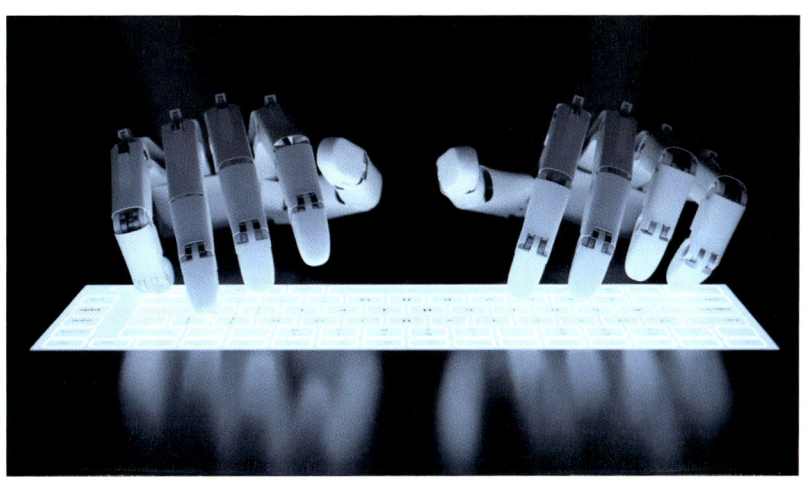

로봇 기자처럼 사람의 일을 대신해줄 수 있는 또 다른 소프트웨어에는 무엇이 있을까요? 좋은 아이디어를 한 번 생각해보세요!

연필 코딩을 해보자

SECTION 02

컴퓨터가 없어도 프로그래밍을 해볼 수 있을까요? 종이와 연필만 있으면 가능합니다. 모눈종이에 그려진 그림을 그리기 위해서 어떤 명령어를 써야 할지 함께 알아봅시다.

 **수업길잡이**

- 난이도 : ★★☆
- 소요시간 : 20분
- 준비물 : 필기구, 연필 코딩지(부록 18)
- 놀이인원 : 1인 이상

소프트웨어 놀이를 준비해요!

○ 놀이 목표
연필 코딩을 통해 프로그래밍 해보기

○ 놀이 약속
가능한 명령어를 줄여서 사용하기

○ 수업 활동
6-2 수학 6. 여러 가지 문제

 **프로그래밍**

이 놀이는
다른 사람이 내가 본 이미지를 그릴 수 있도록 약속된 명령어를 적는 놀이입니다. 이렇듯 약속된 명령어를 나열하는 것이 프로그래밍입니다. 반복되는 명령어를 줄이는 방법도 생각해보고, 새로운 명령어나 문제도 만들어 봅시다.

언플러그드 SW 놀이를 시작해요!

❶ 연필 코딩을 위해 종이와 필기구를 준비합니다.

❷ 왼쪽에 있는 그림을 그리도록 명령을 내려야 합니다. 명령어는 상, 하, 좌, 우로 이동하는 명령어와 색을 칠하는 명령어가 있습니다. 명령어 작성은 도형으로 합니다. 처음 시작하는 위치는 ☆ 표시가 되어 있는 곳입니다.

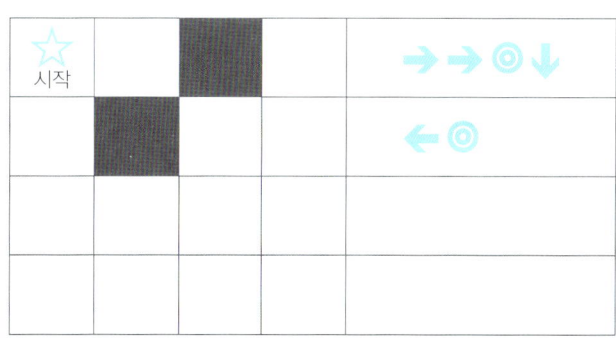

❸ 자신이 생각한 경로대로 이동하면서 칸을 색칠할 수 있도록 명령어를 작성하여 봅시다.

❹ 이 그림의 경우 시작 위치에서 오른쪽으로 두 칸 이동하여 색을 칠하고, 아래로 한 칸 내려와서 왼쪽으로 한 칸 이동 후 색을 칠하도록 명령어를 작성해보았습니다.

놀이 tip

문제를 해결할 수 있는 방법은 다양합니다. 무엇을 먼저 할지 생각해보고 명령어를 순서대로 적어야 합니다. 또한, 명령어는 항상 왼쪽에서 오른쪽으로 읽게 된다는 점에 주의하세요. 또한, 가로로 한 줄을 색칠하는 명령을 한 줄에 작성하면 가독성이 좋아집니다.

❺ 내가 만든 명령문을 친구에게 주고 명령어대로 그림을 그리도록 해봅시다. 친구가 내 명령어를 보고 제대로 그림을 그리면 성공입니다.

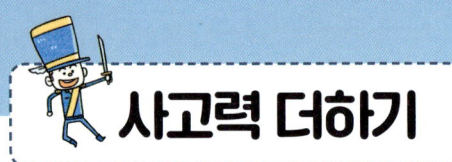 **사고력 더하기**

※ 여러 가지 그림을 그리기 위한 연필 코딩을 해봅시다.

문제	명령어 작성
(격자 그림 1)	
(격자 그림 2)	
(격자 그림 3)	

 **놀이 tip**

반복되는 명령어를 어떻게 줄여서 쓰면 좋을까요? 괄호로 묶어서 숫자를 써주면 좋을 것입니다. 예를 들어, → ↓ ◎를 4번 반복한다면 4(→ ↓ ◎)와 같이 작성할 수 있습니다.

펜슬 코드(Pencil Code)

펜슬 코드는 블록 명령어나 텍스트 중 자신이 원하는 방식을 선택하여 프로그래밍을 배울 수 있는 프로그래밍 언어입니다.

화면 위의 거북에게 명령을 내려서 다양한 그림이나 프랙털과 같은 재미있는 도형을 그리거나 피아노를 연주하여 음악을 만들 수도 있습니다.

다양한 예제를 살펴보면서 명령어를 익히고 즐겁게 코딩을 해봅시다.

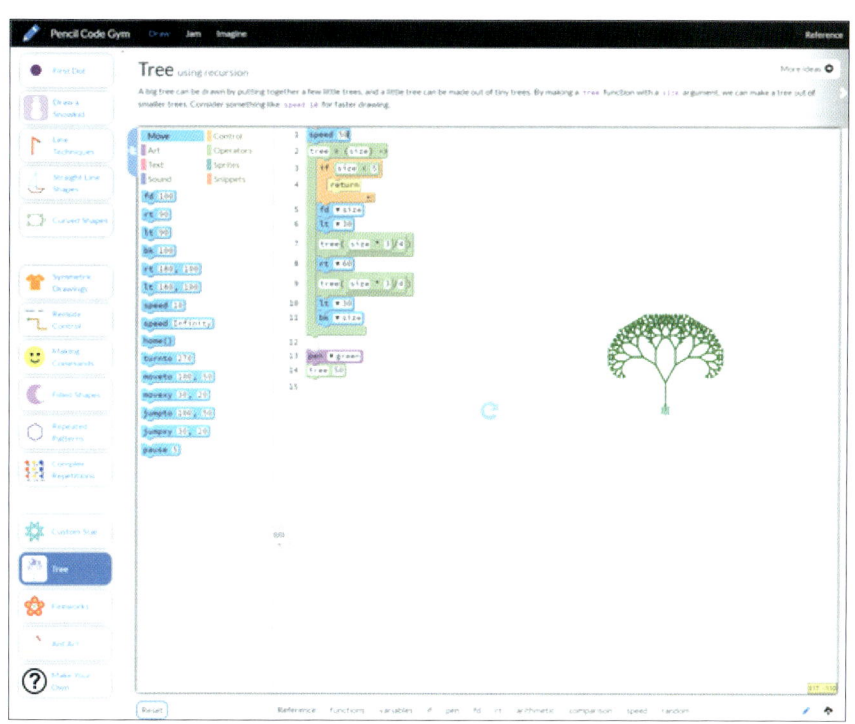

블록을 쌓는 방식으로 코딩을 배울 수 있는 도구는 매우 다양합니다. 프로그래밍의 개념과 원리, 그리고 알고리즘을 익힌다면 어떤 프로그래밍 언어로도 재미있는 활동을 할 수 있습니다.

• 출처: https://gym.pencilcode.net/draw/#/draw/tree.html

SECTION 03 릴레이 프로그래밍

연필 코딩에 익숙해졌나요? 이번에는 4명이 1모둠이 되어 릴레이로 연필 코딩을 해보겠습니다.
한 번에 한 명씩 달려가서 명령어를 적거나 개수에 상관없이 잘못된 명령어를 지우고 돌아오면 됩니다.
그림이 다 완성될 때까지 계속 릴레이가 진행되고 먼저 완성한 팀이 이기는 놀이입니다.

수업길잡이

- 난이도 : ★★★
- 소요시간 : 20분
- 준비물 : 작은 화이트보드, 보드마카, 화이트보드 지우개
- 놀이인원 : 4명이 1모둠으로 2개 모둠씩

소프트웨어 놀이를 준비해요!

○ 놀이 목표
릴레이 프로그래밍을 통해 디버깅 알기

○ 놀이 약속
명령어를 적거나 지우는 행동 중에서 한 가지만 하기, 넘어지거나 부딪히지 않게 조심하기
손바닥을 마주친 후에 출발하기

○ 수업 활동
6-2 수학 6. 여러 가지 문제   3-1 체육 2. 도전 활동(이어달리기)

디버깅

이 놀이는
앞서 해본 연필 코딩을 모둠에서 돌아가며 해보는 놀이입니다. 앞의 친구가 한 코딩을 보고 이어서 코딩을 해야 하며, 앞사람이 제대로 명령어를 적었는지 확인하는 디버깅을 경험합니다. 아이들은 서로 의논하고 협력하여 문제를 해결할 수 있습니다.

언플러그드 SW 놀이를 시작해요!

❶ 책상 위에 릴레이 코딩을 할 준비를 하고, 모둠을 나누어 출발선에 차례대로 섭니다. 순서대로 한 명씩 달려와 문제를 보고 명령지에 코딩을 합니다.

❷ 코딩을 한 후에는 출발선으로 달려가서 다음 사람과 손바닥을 마주칩니다.

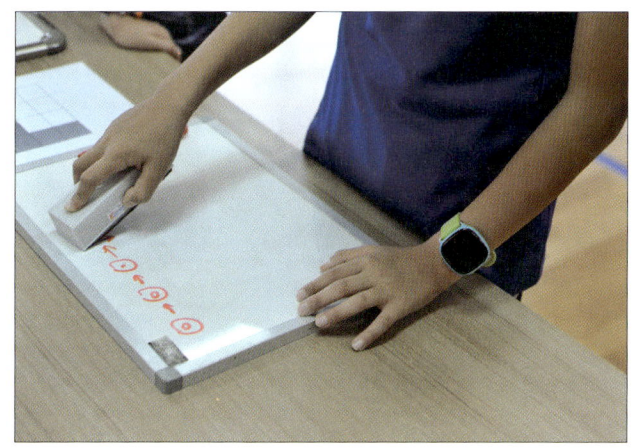

❸ 앞사람이 제대로 코딩을 했다면 이어서 코딩을 합니다. 앞사람이 잘못된 코딩을 했다면 지우개로 명령어를 지웁니다. 단, 명령어를 여러 개 지워도 상관없지만 많이 지울수록 다시 작성하는 데 시간이 많이 드는 점을 고려해야 합니다.

❹ 명령어가 정확하다면 먼저 완성한 팀이 이깁니다.

놀이 tip

명령어는 한 번에 한 명씩 할 수 있지만 줄을 서 있는 동안 모둠끼리는 의논을 해도 됩니다. 릴레이가 끝났을 때 서로 바꾸어 제대로 작성했는지 확인하고 잘못된 부분이 없다면 먼저 완성한 모둠이 이깁니다. 동시에 완성했을 경우에는 더 짧은 명령어로 완성한 모둠이 이기게 됩니다.

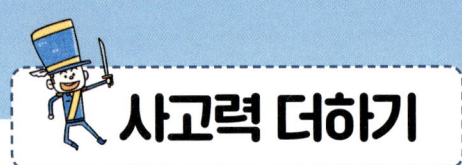
사고력 더하기

❶ 멀리 떨어진 친구에게 몸짓으로 명령어를 전달하여 프로그래밍을 해봅시다. 명령어를 전달하는 사람을 바꿔가며 한 번에 하나씩 전달합니다.

몸짓 명령	동작	명령어
	위로 한 칸 이동하기	⬆
	아래로 한 칸 이동하기	⬇
	왼쪽으로 한 칸 이동하기	⬅
	오른쪽으로 한 칸 이동하기	➡
	색칠하기	⭕
	종료	✖

❷ 받아 적은 명령어를 보고 그림을 완성해봅시다.

❸ 완성한 그림을 가지고 우리 팀으로 와서 확인을 해봅시다.

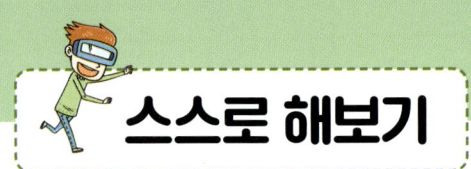

스스로 해보기

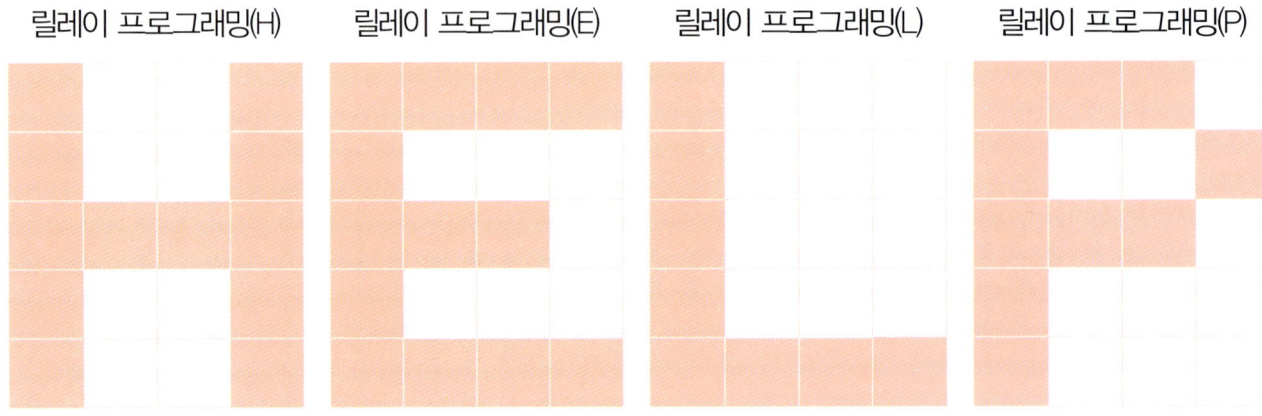

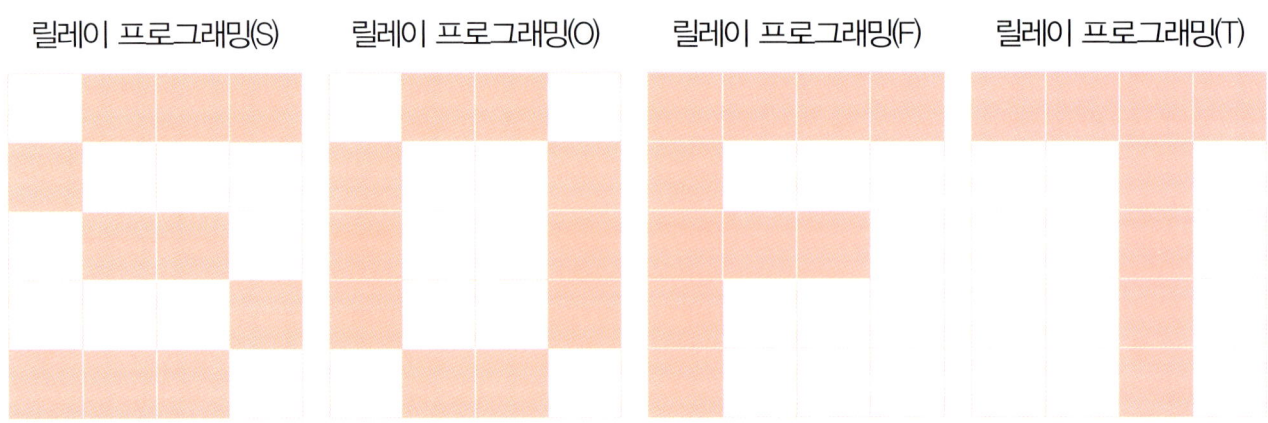

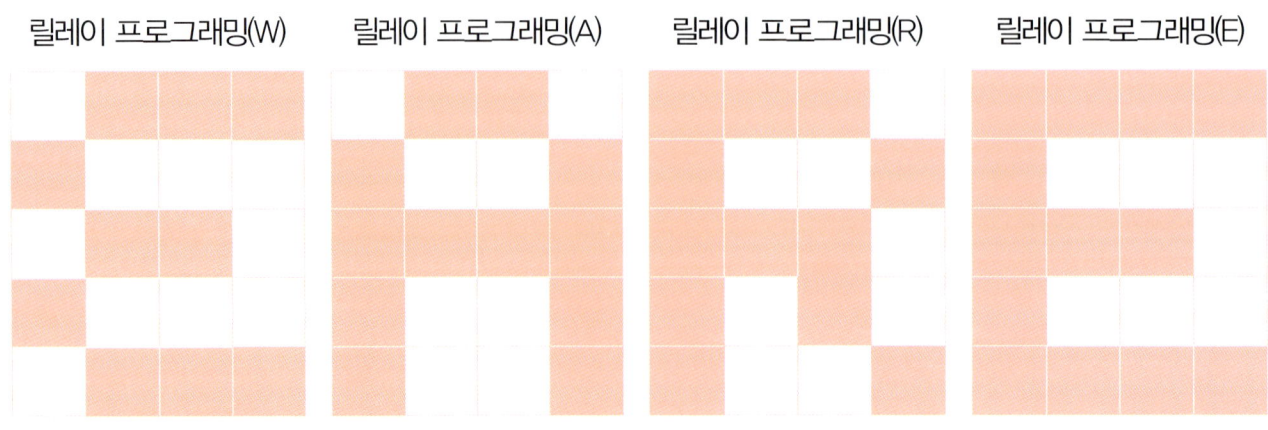

디버깅과 디버거

디버깅은 버그를 없애는 행위를 말합니다. 그렇다면 버그(Bug)는 무엇일까요?

버그는 말 그대로 벌레를 뜻합니다. 1947년 하버드 대학교가 만든 마크Ⅱ 컴퓨터가 고장이 났습니다. 이때 그레이스 하퍼가 원인을 찾다보니 컴퓨터 회로 사이에 나방이 한 마리 끼어 있는 것을 발견하게 됩니다. 정말로 버그가 컴퓨터를 고장 냈던 것이죠. 이때부터 개발자들은 컴퓨터가 일으키는 오류를 '버그'라고 말하기 시작했다고 합니다.

디버깅은 어떻게 하는 것일까요? 디버거(Debugger)라고 하는 프로그램을 통해서 프로그램의 오류를 검사하는 방법이 있습니다. 대부분은 소프트웨어 개발 도구가 이러한 오류를 발견하고 알려주는 고급 기능을 가지고 있습니다.

그렇다면 그 원리는 무엇인지 생각해보겠습니다. 우리가 글을 쓰거나 문제를 풀다가 어떤 이상한 점을 발견했다면 어떻게 하나요? 어떤 사람은 처음부터 다시 살펴보거나 몇 개의 부분으로 나누어 살펴볼 것입니다. 또는 미로 찾기를 할 때처럼 거꾸로 살펴보기도 할 것입니다. 바로 그런 것이 디버깅하는 방법입니다. 코드를 한 줄씩 단계적으로 실행하면서 오류가 발생하는 부분을 찾아내거나 어느 한 지점까지만 코드가 실행되도록 할 수 있습니다. 또는 자주 발생하는 오류를 미리 기억해두었다가 알려주는 것입니다.

프로그래밍에서 버그를 찾고 고치는 과정은 매우 중요하고 어려운 일입니다. 버그가 있으면 소프트웨어가 예상하지 못한 동작을 일으키거나 작동이 되지 않을 수 있습니다. 그렇기 때문에 지난 프로그래밍 과정을 검토해보는 것을 많이 연습해 보아야 합니다. 그 과정에서 여러분의 사고력은 더욱 자라날 것입니다.

SECTION 04

화분에 씨앗심기

화분에 씨앗을 심어본 적이 있나요?
만약에 흙을 넣지 않고 씨앗을 심게 된다면? 순서대로 정해진 절차에 따라 화분에 씨앗을 심어봅시다.

 **수업길잡이**

- 난이도 : ★★☆
- 소요시간 : 20분
- 준비물 : 씨앗심기 카드(부록 1, 2), 알고리즘 설계지(부록 19), 화분, 흙, 모종삽, 씨앗 등
- 놀이인원 : 1인 이상

소프트웨어 놀이를 준비해요!

- **놀이 목표**
  화분에 씨앗을 심는 과정을 알고 씨를 직접 심는 과정을 통해 절차적 사고에 대해 알기

- **놀이 약속**
  화분에 씨앗을 심는 과정부터 먼저 살펴보기

- **수업 활동**
  4-1 과학 2. 식물의 한 살이   5-1 국어 2. 토의의 절차와 방법

 **절차적 사고**

이 놀이는
화분에 씨앗을 심는 절차를 알고 직접 심어보는 놀이입니다.
어떤 일을 할 때에는 해결해가는 방법과 순서가 있습니다. 이를 알고리즘이라고 합니다. 어떤 문제든지 이 알고리즘을 찾는 것이 중요합니다!

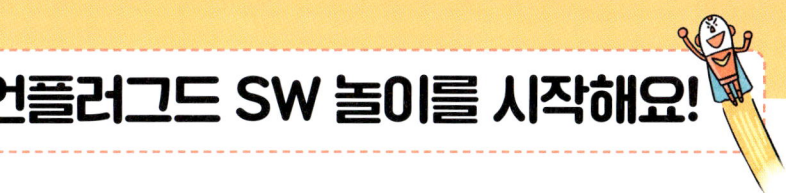

언플러그드 SW 놀이를 시작해요!

❶ 씨앗심기 카드, 화분, 씨앗, 모종삽, 흙 등을 준비합니다.

❷ 섞여 있는 카드를 잘 살펴보고 그중에서 씨앗 심기와 상관없는 카드를 골라냅니다!

❸ 씨앗을 심는 과정을 잘 생각하면서 카드를 순서대로 정리해봅니다.

❹ 정리한 카드를 보면서 화분에 씨앗을 심어봅니다.

❺ 다 완성했으면 화분 팻말에 이름을 쓰고 꽂아봅니다.

❻ 내가 정한 카드의 순서에 따라 화분에 씨앗 심기 성공!

놀이 tip

간혹 빨리 씨앗을 심으려는 마음에 순서와 절차를 지키지 않는 친구들이 있습니다. 반드시 정리한 카드를 보고 순서와 절차를 지켜서 씨앗을 심도록 합니다.

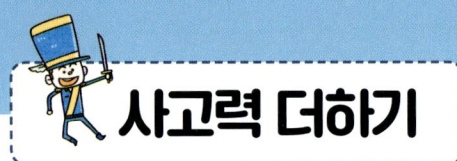
사고력 더하기

❶ 주어진 카드 중에서 선택하여 순서를 정리해 알고리즘을 설계할 수도 있지만 내가 직접 순서를 생각한 다음 적어서 알고리즘을 만들 수도 있습니다.

❷ 이렇게 직접 문제를 해결하는 방법이나 순서를 적어서 문제를 해결해가는 습관은 여러분의 사고력 향상에 큰 도움이 됩니다.

special page

농사짓는 로봇

심각한 고령화와 노동력 부족에 대한 대책 마련에 힘을 쏟고 있는 일본에서 한 농업기업이 세계 최초로 로봇 농장을 만들고 있다고 합니다. 로봇팔을 장착한 컨베이어벨트가 이 농장의 로봇 농부인 것입니다. 이 로봇은 상추에 물을 주고, 솎아내고, 새싹을 이식하고 나중에 수확까지 책임진다고 하는데요. 이와 함께 첨단 센서들이 습도와 이산화탄소, 조명, 온도를 점검해 상추들이 무럭무럭 자랄 수 있도록 실내 기후까지도 자동으로 조절해 준다고 합니다.

아래 그림은 유럽에서 개발된 농업로봇의 모습입니다. 로봇이 사람을 대신해서 농사도 지어주는 세상! 앞에서 화분에 씨앗을 심는 알고리즘처럼 로봇 역시 농사를 짓는 알고리즘에 따라 움직인다는 사실이 놀랍지 않나요?

여러분도 여러분의 숙제를 도와주는 알고리즘을 설계하고 그 알고리즘에 따라 숙제를 뚝딱 해주는 로봇을 만들 수 있다면 얼마나 좋을까요? 오늘부터 한 번 도전해보세요!

• 출처: 로봇신문-[월간로봇] 농업로봇 특허와 전망 1(http://www.irobotnews.com/news/articleView.html?idxno=2183)

SECTION 05

아이콘 디자이너

여러분이 인터넷을 이용하거나 스마트폰을 사용하다 보면 '아이콘'이라는 것을 보게 됩니다.
아이콘은 컴퓨터에서 제공하는 명령을 문자나 그림으로 나타낸 것을 말합니다.
우리가 이런 아이콘을 만들어보면 어떨까요?

 **수업길잡이**

- 난이도 : ★★★
- 소요시간 : 40분
- 준비물 : 연필, 지우개, 사인펜
- 놀이인원 : 1인 이상

소프트웨어 놀이를 준비해요!

○ **놀이 목표**
아이콘 디자인을 통해 추상화 경험하기

○ **놀이 약속**
간단하고 단순한 모양부터 해보기, 가장 중요한 특징을 표현하기, 모양이 있는 자를 활용하기

○ **수업 활동**
<mark>6 미술</mark> 3. 주제표현(자유로운 추상 표현하기)

추상화

이 놀이는
어떤 사물이나 일을 추상화하는 일은 쉽지 않습니다. 복잡한 것에서 핵심만 남기고 단순하게 만드는 추상화를 경험하기에 '아이콘 디자인'은 매우 재미있는 활동이 될 것입니다.

언플러그드 SW 놀이를 시작해요!

구분	공통된 특징	구별되는 특징
축구공	둥근 모양	오각형, 육각형 모양
농구공	둥근 모양	네 줄의 무늬
야구공	둥근 모양	두 줄의 무늬

❶ 제시된 여러 가지 공을 살펴봅시다.

❷ 제시된 공의 특징을 생각하여 봅시다. 예를 들어 공은 둥글고 공마다 특징적인 무늬가 있습니다.

❸ 물건에서 가장 중요한 특징이 무엇일지 생각하고 단순하게 표현하기 위한 방법을 생각하여 봅시다.

❹ 각 공의 외곽선을 따라 그려봅시다. 원을 그리기 어려우면 모양자를 이용하여 원을 그려도 됩니다.

❺ 원 안에 공의 특징을 나타내는 무늬를 그려봅시다.

❻ 연필로 그린 선을 따라 사인펜으로 굵게 그려봅시다.

 놀이 tip

그림 그리기가 익숙하지 않으면 윤곽선을 따라 그려 선이나 모양을 그릴 때 모양자를 이용해도 좋습니다.

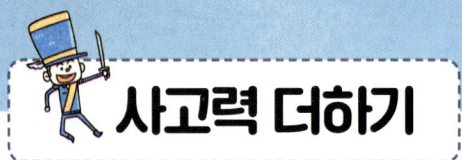
사고력 더하기

① 랜드마크를 아이콘으로 만들어 봅시다.

실제 모양	외곽선 따라 그리기	아이콘
한국 숭례문		
프랑스 에펠탑		
호주 오페라 하우스		
인도 타지마할		

❷ 사물을 아이콘으로 만들어 봅시다.

실제 모양	외곽선 따라 그리기	아이콘
모니터		
키보드		
노트북		
마우스		

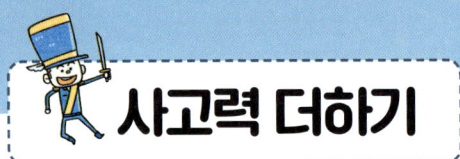

사고력 더하기

❸ 언어를 아이콘으로 만들어 봅시다.

실제 모양	아이콘
반복하다	
선택하다	
바꾸다	
잠그다	

랜드마크

어떤 나라나 도시를 대표하는 건물이나 장소를 랜드마크라고 합니다. 예를 들어 우리나라의 숭례문, 프랑스의 에펠탑, 이집트의 피라미드, 인도의 타지마할, 미국의 자유의 여신상 등이 랜드마크라고 할 수 있습니다. 어떤 건물이나 조형물 등이 상징성을 띠게 된 것이죠.

이러한 랜드마크를 아이콘으로 만들어 유명해진 사람이 김윤재 디자이너입니다. 해외 디자인 사이트에 자신의 아이콘 디자인을 공개하여 애플에 취직한 것으로 알려져 있습니다. 이렇듯 복잡한 건물이라도 한눈에 알아볼 수 있게 아이콘으로 만들어보면서 핵심적인 것만 남기고 불필요한 것을 제거하는 추상화를 해볼 수 있을 것입니다.

여러분들도 잘 아는 장소나 주변의 물건들을 단순하게 아이콘으로 만들어 보는 연습을 해보면 어떨까요?

• 출처: https://www.behance.net/gallery/11228527/Touristic-icon-design

날아라! 슈퍼볼!

원반던지기를 해본 적이 있나요?
멀리 던지거나 목표점에 가까이 던졌을 때 유리한 점수를 얻게 되는 놀이죠.
원반을 던져 점수를 얻는 게임을 해봅시다.

- 난이도 : ★★☆
- 소요시간 : 20분
- 준비물 : 그물망, 색깔별 원반, 점수판(미니화이트보드), 보드마카
- 놀이인원 : 2인 이상

소프트웨어 놀이를 준비해요!

○ 놀이 목표
원반던지기 놀이를 통해 변수에 대해 알기

○ 놀이 약속
원반의 색깔에 따라 얻는 점수가 다른 점에 유의하여 점수 잘 기록하기

○ 수업 활동
6-1 체육 02. 도전활동   4-1 수학 05. 혼합계산

이 놀이는
원반을 던져 그물망에 넣어 점수를 얻는 놀이입니다. 원반의 색깔에 따라 얻는 점수가 달라지며, 넣지 못할 때는 점수를 뺏기기도 한답니다. 총 5번을 시도해서 각 라운드마다 얻은 점수들을 잘 계산해보세요.

언플러그드 SW 놀이를 시작해요!

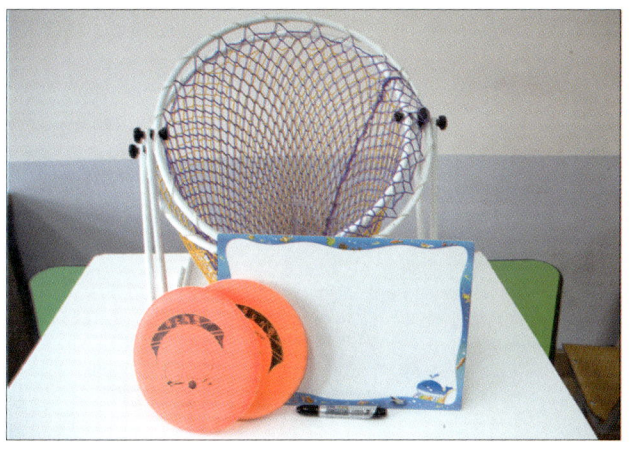

❶ 색깔별 원반과 그물망을 준비해요. 없다면 집에 있는 공과 바구니를 활용해도 됩니다.

❷ 팀을 나눈 후 각 팀 내에서 던질 순서를 정합니다.

❸ 순서에 따라 원반을 던지고 심판은 각 팀에서 얻은 점수를 계산합니다.

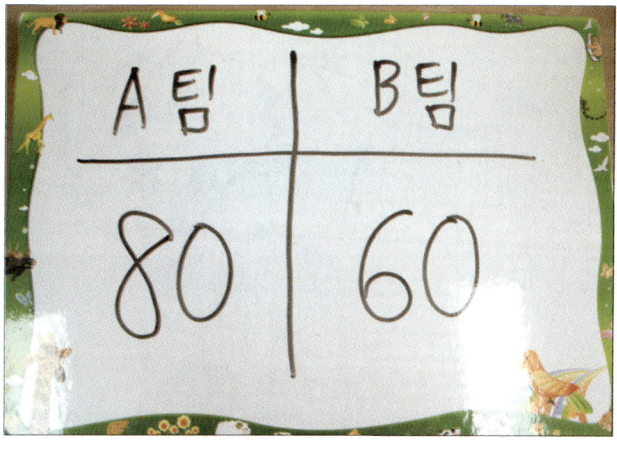

❹ 게임을 할 때마다 점수판에 점수를 적고, 마지막 라운드까지 높은 점수를 얻은 팀이 이깁니다.

놀이 tip

점수판에는 각 라운드마다 바로 계산하여 그때까지 최종 점수를 기록해야 합니다. 즉 던질 때마다 점수 값이 계속 변하게 되는 것이죠. 변수란 그때그때 변하는 값이면서, 그 값을 저장하는 공간을 의미합니다.

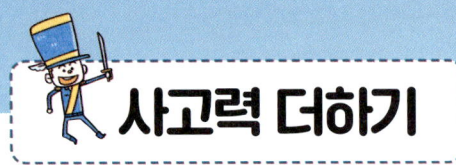

사고력 더하기

❶ 앞의 활동에서는 최종 점수만 기록하였지만 기억해야 할 점수가 여러 개라면 목록이나 표를 만들어 점수를 기록하고 관리할 수 있습니다.

❷ 이렇게 여러 개의 점수판에 각각의 점수를 기록하면 각 라운드마다 점수를 어떻게 얻었는지 알 수 있어 편리합니다.

모둠 점수를 자동으로 계산해줘요!

담임선생님께서 모둠별로 칭찬 자석을 붙이거나 칭찬 스티커를 붙여 학습 활동을 제일 잘한 모둠을 뽑는 경우가 있지요? 또 어떤 선생님은 TV모니터 화면에 모둠별 점수를 기록하기도 할 겁니다.

앞의 활동에서 여러분이 원반을 던져 얻은 점수처럼 점수 값이라는 공간에 점수를 넣어서 기록하는 모둠 점수 계산 프로그램도 마찬가지 원리입니다. 선생님이 잘한 모둠에 1포인트씩 점수를 주면 그때그때 그 값이 누적되어 계산된 값이 여러분 앞에 보이는 것이지요. 때로는 얻은 점수를 빼앗기기도 합니다.

이렇게 변하는 수 또는 변하는 값을 넣는 공간을 '변수'라고 부릅니다. 여러분이 자동차 레이싱 게임을 할 때 드문드문 떠있는 코인을 먹고 점수가 오르는 것처럼 그 게임 속에도 코인을 터치했을 때 점수 값이 더해져서 눈앞에 점수로 보이도록 하는 것도 마찬가지 원리이지요.

그럼 나중에 여러분이 직접 점수가 올라가는 게임을 만들게 된다면 무엇이 필요하다고 할 수 있을까요? 그렇죠! 바로 점수를 저장할 공간인 변수가 필요하다는 것을 알 수 있겠죠?

• 출처: http://www.pholar.co/pic/61696/8710425

SECTION 07

범인을 찾아라!

마피아 게임을 해 본 적이 있나요? 몇 가지 단서를 가지고 시민은 마피아를 찾고, 마피아는 자신의 신분을 숨긴 채 시민의 수보다는 마피아의 수가 많아지게 만들어야 합니다. 마피아 게임과 비슷하게 몇 가지 조건을 가지고 범인을 찾는 놀이를 해봅시다.

 **수업길잡이**

- 난이도 : ★★☆
- 소요시간 : 20분
- 준비물 : 조건지(부록 20), 필기구
- 놀이인원 : 4명 이상

소프트웨어 놀이를 준비해요!

○ **놀이 목표**
범인 찾기를 통해 조건에 대해 알기

○ **놀이 약속**
조건을 제시하는 방법을 잘 살펴보고 선택하기

○ **수업 활동**
4-2 사회 1. 경제생활과 바람직한 선택

조건문

이 놀이는
주어진 조건을 가지고 범인을 찾는 놀이입니다. 조건에 해당하지 않는 경우는 범인에서 제외하고, 마지막까지 조건에 만족하는 사람이 범인이죠. 범인을 찾음으로써 조건이 무엇인지, 조건에 따라 어떤 선택을 하는지 알게 됩니다.

언플러그드 SW 놀이를 시작해요!

❶ 범인의 특징에 대해 작성하는 조건지를 준비해요. 조건지에는 '~그리고, ~또는, ~아니다'라고 적혀 있습니다.

❷ 술래 1명은 범인을 마음속으로 1명 정하고 그 친구의 특징을 3가지 정도 조건지에 작성해요. 예를 들어, '안경을 썼다. 그리고 검은색 옷을 입었다.' 등과 같은 특징을 적는 거죠.

❸ 조건지에 작성된 내용을 보고 범인의 범위를 좁혀 보세요.

❹ 조건을 보고 범인이 누구인지 동시에 선택하고, 체포합니다.

놀이 tip

조건지에 제시된 '~그리고, ~또는, ~아니다'라는 조건을 나타내는 방법입니다. 이것을 논리연산이라고 하는데요. '그리고'로 연결된 조건은 2가지 모두 만족해야 참이 되는 논리곱을, '또는'으로 연결된 조건은 2가지 중 하나만 만족해도 참이 되는 논리합을, '아니다'로 연결된 조건은 논리 부정을 나타냅니다. 이런 조건에 따라 범인의 특징을 표현하거나 범인을 잡을 수 있겠죠?

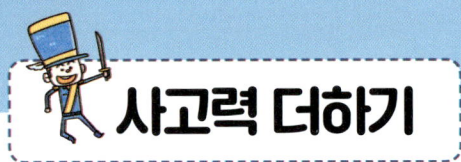

사고력 더하기

❶ 꼭 사람이 아니어도 좋습니다. 특정한 물건을 찾도록 하는 보물찾기 놀이에도 응용할 수 있답니다.

❷ 이렇게 여러 가지 조건에 부합하는 물건이 무엇인지 정확하게 찾는 놀이도 친구들과 함께 해보세요.

경찰, 검찰도 못 잡은 범인 밝혀낸 일반인! 누리꾼 수사대!

억울한 사고나 피해를 당했다면 여러분은 어떻게 하나요? 맞아요! 당연히 경찰을 찾아가 도움을 청하거나 범인을 잡아달라고 이야기할 겁니다. 그런데 최근에 경찰은 아니지만 인터넷에서 각종 정보를 수집해 사실이나 단서를 찾아 억울한 일을 당한 사람들을 도와주는 누리꾼 수사대의 활약이 두드러지고 있다고 합니다.

잘 보이지 않는 CCTV를 보정하여 범인으로 추측되는 사람의 인상착의를 구체적으로 알려준다거나 차량 번호를 몇 개 유추해서 용의선상에 있는 용의자 중 조건에 딱 맞는 범인을 찾아내는데 결정적인 역할을 하는 것이지요.

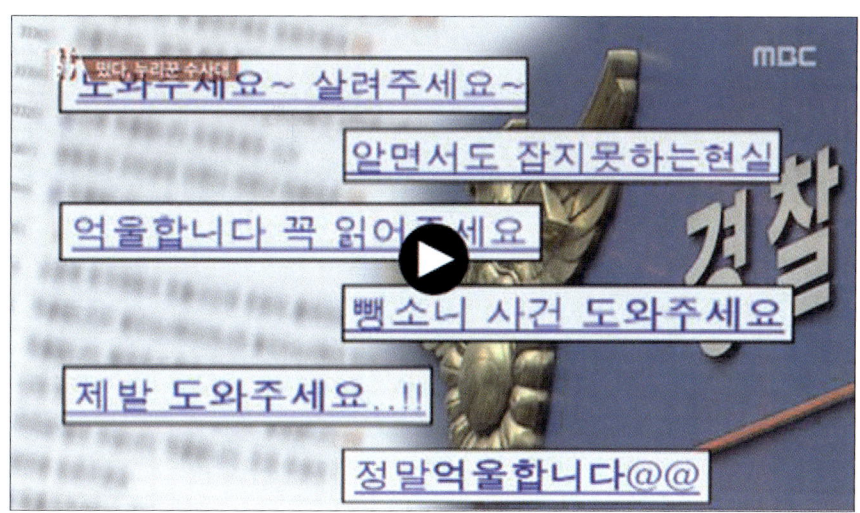

경찰이 범인을 잡을 때도 마찬가지입니다. 증거를 모아서 범인의 조건을 구체적으로 추려내어 용의자를 좁히고, 결정적인 증거에 부합하는 진짜 범인을 잡아내는 거지요. 이렇게 조건에 따라 조건을 만족하는지, 만족하지 않는지를 따져 생각해보는 과정! 친구들과 함께 범인 잡기 놀이를 하면서 해보도록 하세요!

• 출처: MBC 뉴스–검찰·경찰도 못 잡은 범인 밝혀낸 일반인?주목 받는 '누리꾼 수사대'(http://imnews.imbc.com/weeklyfull/weekly01/3649301_17924.html)

놀이봇의 여행(1) 반복 속의 반복

SECTION 08

놀이봇이 여행을 하고 있어요. 그런데 굉장히 복잡한 미로에 빠지고 말았네요.
여러분이 미로를 빠져나올 수 있도록 놀이봇을 도와주세요.

- 난이도 : ★★★
- 소요시간 : 20분
- 준비물 : 명령어 카드 (부록 3, 4), 미로판(부록 6, 7)
- 놀이인원 : 1인 이상

소프트웨어 놀이를 준비해요!

○ **놀이 목표**
중첩 반복을 이용하여 문제 해결하기

○ **놀이 약속**
너무 짧은 명령어는 반복하지 않기

○ **수업 활동**
2-2 수학 2. 곱셈구구   4-1 국어 1. 생생한 느낌 그대로(반복되는 표현 찾기)
4-2 수학 6. 규칙과 대응

중첩 반복

이 놀이는
반복 속에서 또 반복을 한다면? 우리 일상을 살펴보면 반복되는 일이 많습니다. 연, 월, 일, 시, 분과 같은 시간이 대표적이고 하루 일과도 반복되는 일이 다양합니다. 미로를 빠져나오기 위해서는 반복되는 패턴을 찾아서 계속 반복하도록 해주어야 합니다.

언플러그드 SW 놀이를 시작해요!

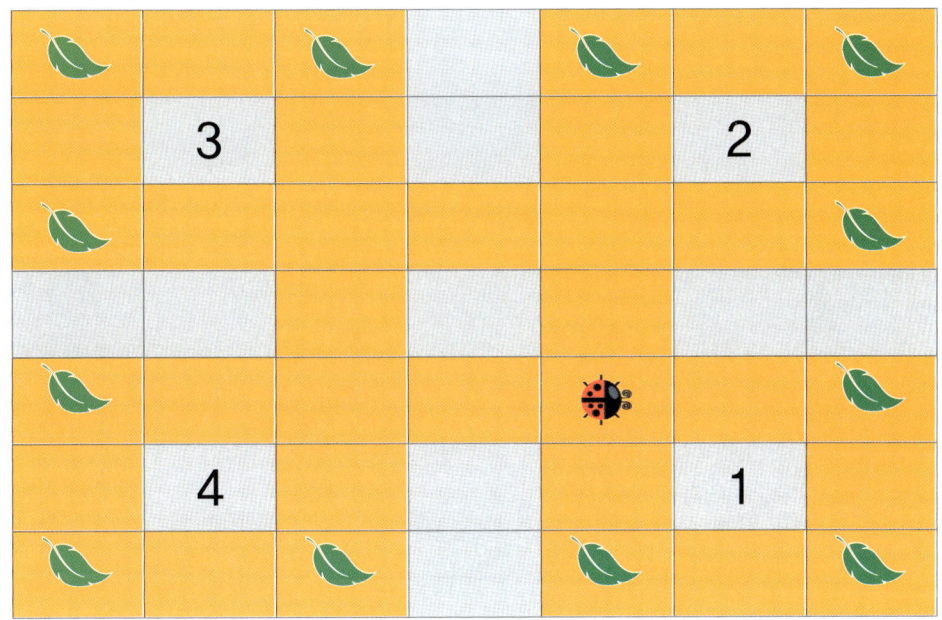

❶ 놀이봇이 해결해야 할 미로를 살펴봅시다. 놀이봇은 미로의 모든 나뭇잎을 가지고 처음 출발한 자리로 돌아와야 미로를 빠져 나갈 수 있습니다.

 앞으로 한 칸 가기  왼쪽으로 돌기 오른쪽으로 돌기

 반복 시작 반복 횟수 반복 끝

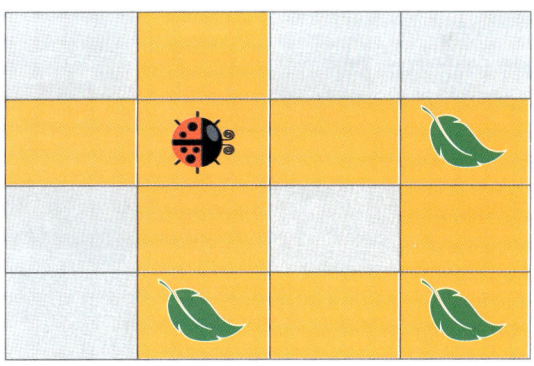

❷ 놀이봇의 명령어 카드를 살펴봅시다.

❸ 전체를 한꺼번에는 해결하기 어렵기 때문에 미로의 첫 번째 부분만 쪼개어 생각해보겠습니다.

❹ 두 칸 앞으로 간 후에 오른쪽으로 돌기를 4번 반복하게 되면 원래 자리로 돌아오는 것을 알 수 있습니다.

PART 01 프로그래밍 원리로 컴퓨팅 사고력을 키우는 언플러그드 SW 놀이 • 45

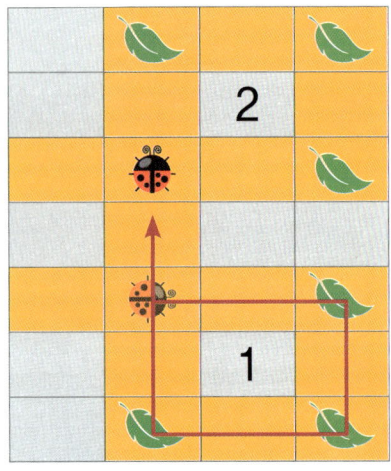

❺ 이제 다음 미로를 생각하여 봅시다. 제자리로 돌아온 후에는 다시 왼쪽으로 한 번 돌고 나서 두 칸 앞으로 이동해야 합니다. 그 후에 ❹에서 했던 반복을 다시 실행하면 2번 미로도 해결할 수 있습니다.

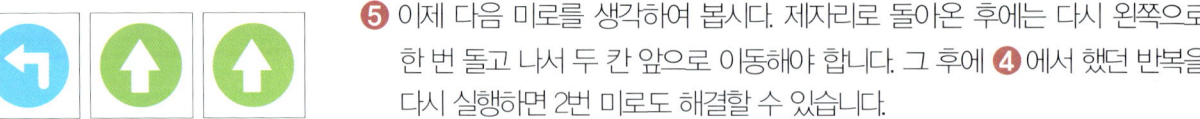

❻ ❹와 ❺의 과정을 4번 반복하면 어떻게 될까요? 주어진 미로를 모두 빠져 나올 수 있게 됩니다.

❼ 놀이봇을 작성한 명령어 카드대로 움직여서 미로를 빠져나와 봅시다.

놀이 tip

처음부터 미로 전체를 해결하려고 하면 어렵습니다. 미로를 부분으로 쪼개서 해결하고 이를 반복할 수 있는지 살펴보면 문제를 해결하기 수월합니다. 이렇듯 쪼개어 생각하는 것을 '문제 분해'라고 하고, 반복이 반복되는 것을 '중첩 반복'이라고 합니다.

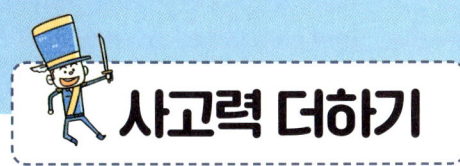

사고력 더하기

※ 다른 형태의 미로 문제도 반복을 이용하여 해결해봅시다.

❶ 놀이봇이 이번에는 계단 모양의 미로 문제를 해결해야 합니다. 미로 끝까지 가도록 명령어 카드를 놓아 봅시다.

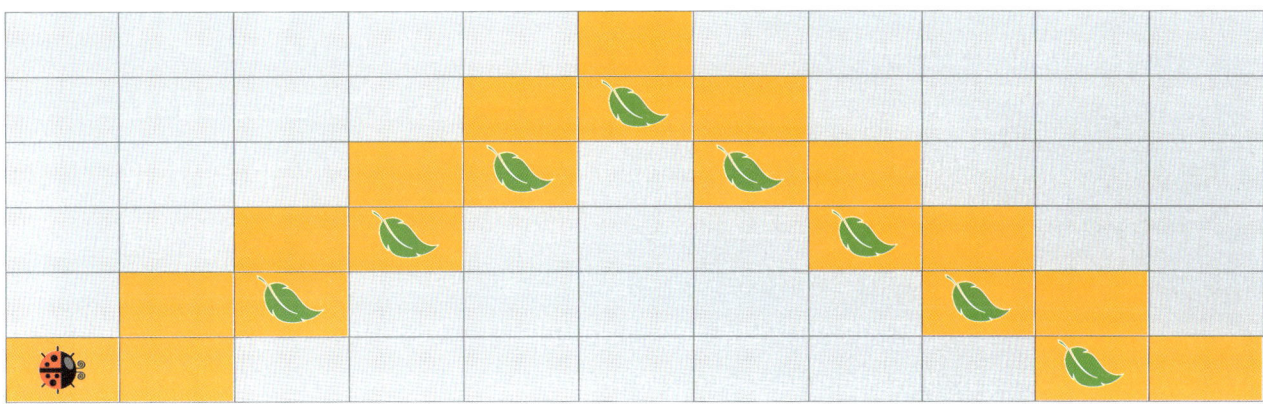

❷ 이번에도 작은 부분을 떼어내어 살펴 보겠습니다. 계단에서 한 칸을 올라가는 것이라고 생각하면 될까요? 한 칸 앞으로 가서 왼쪽으로 돌고, 다시 한 칸 앞으로 가서 오른쪽으로 돌면 계단을 한 칸 올라가게 되는 것을 알 수 있습니다.

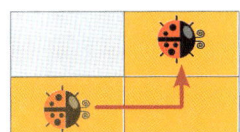    

❸ ❷의 명령어를 몇 번 반복하면 꼭대기까지 올라갈 수 있을까요? 5번 반복하면 꼭대기까지 올라갈 수 있다는 것을 알 수 있습니다.

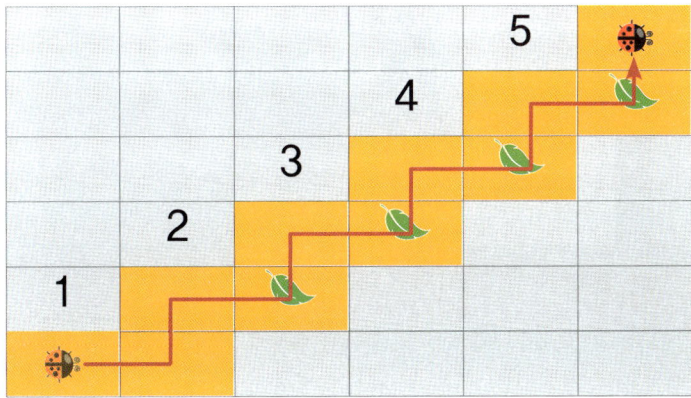

❹ ❸의 해결 방법으로 명령어 카드로 놓아 볼까요? ❷에서 놓았던 명령어 카드를 5번 반복하도록 놓으면 됩니다.

❺ 이제 놀이봇이 계단을 내려올 수 있게 해봅시다. 오른쪽으로 돌고나서 ❹의 명령어 카드를 그대로 사용해보면 바닥까지 올 수 있다는 것을 알 수 있습니다.

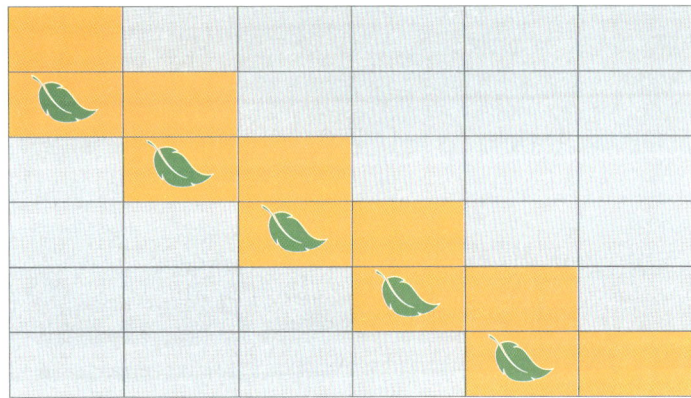

❻ 즉, ❹의 명령어 카드를 2번 반복하게 되는 것입니다. 한 번 꼭대기까지 올라갔을 때 오른쪽으로 한 번 돌고 난 후에는 다시 똑같은 명령어를 반복해서 하게 되는 것입니다.

반복문의 중첩

구구단(곱셈구구) 표를 한 번 살펴볼까요?

구구단은 1부터 9까지 각 수를 두 수끼리 서로 곱하여 그 값을 나타내고 있습니다. 2단의 경우 2와 1부터 9까지의 수를 서로 곱한 값을 나타낸 것이죠. 이것을 살펴보면 1부터 9까지 1씩 커지면서 각각에 1부터 9까지를 곱하는 것을 알 수 있습니다. 즉, 1에서 9까지 1씩 값이 커지는 것이 반복되는 과정에서 각각 1에서 9까지 1씩 커지는 수를 곱하게 되는 것입니다.

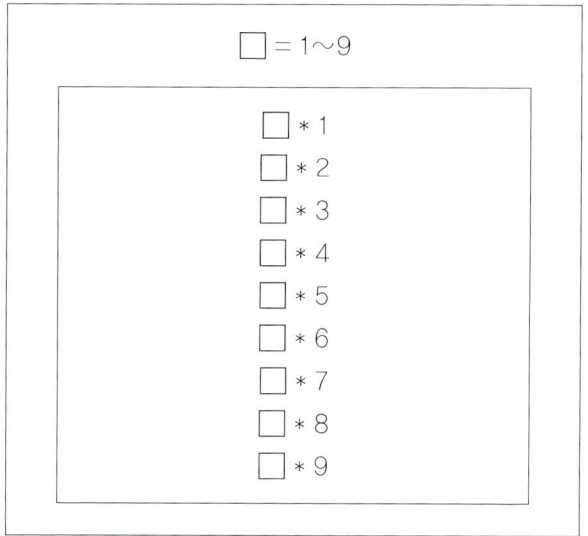

결과적으로 1부터 9까지의 어떤 수를 1부터 9까지 곱하는 과정을 반복하는데 이 과정을 다시 1부터 9까지 커지는 반복으로 감싸고 있는 형태가 됩니다. 우리 생활에서 이런 경우가 또 있을까요? 급식을 나눠줄 때 1학년부터 6학년까지 각각 1반부터 5반까지를 반복한다고 했을 때 이런 경우가 될 수 있을 것입니다. 날짜나 요일도 마찬가지입니다. 8월 1주부터 4주까지 1주씩 커질 때 일요일부터 월요일까지 반복되는 것입니다. 시계에서도 마찬가지죠. 시침이 하루에 1부터 12까지를 두 번 돌 때 분침은 1부터 12까지 60분을 24번 도는 과정을 겪는 것입니다. 중첩 반복에 대해서 잘 이해가 되지 않을 때는 무엇이 반복되는지 살펴보고 그것을 감싸면서 반복되는 것은 무엇인지 떠올려 보기 바랍니다.

SECTION 09

놀이봇의 여행(2) 조건 속의 조건

여러분 덕분에 놀이봇이 미로를 빠져 나왔어요. 그런데 또 다시 문제가 생긴 것 같군요.
미로를 보니 조건을 만족했을 때에 이동하는 방향이 바뀌어야 하는 것 같아요. 이번에도 함께 해결해볼까요?

- 난이도 : ★★★
- 소요시간 : 20분
- 준비물 : 명령어 카드(부록 3, 4, 5), 미로판(부록 7, 8)
- 놀이인원 : 1인 이상

🚩 소프트웨어 놀이를 준비해요!

○ **놀이 목표**
이중조건문을 이용하여 문제 해결하기

○ **놀이 약속**
여러 가지 조건 중에서 꼭 필요한 조건을 생각하기

○ **수업 활동**
5-1 과학 1. 온도와 열   4-1 과학 2. 식물의 한살이

이 놀이는
하나의 조건 구조는 2가지만 구분할 수 있습니다. 예를 들어, 동전의 앞면인가, 뒷면인가와 같이 둘로 나뉘는 조건을 구분할 수 있는데 조건 구조를 여러 겹으로 만들면 여러 가지 조건을 추가할 수 있게 됩니다. 예로 오만원, 만원, 천원, 백원 등을 구분하도록 만들 수 있는 것입니다.

언플러그드 SW 놀이를 시작해요!

❶ 놀이봇이 기다란 뱀의 뱃속처럼 구불구불한 미로에 빠졌습니다. 그런데 이번에는 바닥의 색깔이 다르네요. 이 미로를 어떻게 빠져나가면 좋을까요?

앞으로 한 칸 가기 왼쪽으로 돌기 오른쪽으로 돌기 만약 ~라면 나뭇잎이 있을 때 네 바닥의 색이 노란색일 때 바닥의 색이 파란색일 때 아니오

❷ 놀이봇의 명령어 카드를 살펴봅시다. 이번에는 '만약 ~라면', '바닥이 [○○색]', '나뭇잎이 있을 때'와 같은 새로운 명령어 카드가 있습니다.

❸ 전체를 한꺼번에 해결하기 어렵기 때문에 첫 번째 구부러지는 부분만 쪼개어 생각해보겠습니다.

❹ 먼저 놀이봇이 앞으로 가기 위해서는 지금 있는 바닥의 색깔에 따라 명령어를 주어야 합니다. 지금 놀이봇이 있는 바닥은 '노란색'입니다. 따라서 바닥이 노란색일 때 1칸 앞으로 이동하도록 명령어 카드를 놓아 봅시다.

❺ ❹의 명령어 카드로 앞으로 2칸을 이동하게 되면 '파란색' 바닥을 만납니다. 그런데 이 파란색 바닥에는 '나뭇잎'이 놓여 있네요. 이것을 조건으로 사용하면 될 것 같습니다. 즉, 만약 파란색 바닥이고 나뭇잎이 놓여 있다면 왼쪽으로 돌아서 1칸 앞으로 가도록 하는 것입니다.

❻ 그러면 바닥이 파란색인데 나뭇잎이 놓여 있지 않은 경우에는 어떻게 할까요? 바로 오른쪽으로 돌아서 앞으로 1칸을 가면 됩니다.

❼ 작성한 명령어 카드대로 놀이봇을 움직여서 미로를 빠져나와 봅시다.

 **놀이 tip**

'만약 ~라면'과 같이 선택을 해야 할 경우를 포개어 쓰게 되면 2가지 조건을 만족하는 경우나 조건이 여러 개일 때 유용합니다.

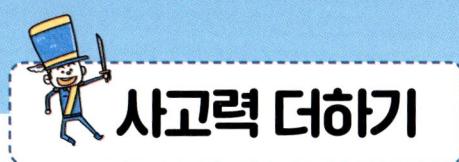

※ 다른 형태의 미로도 여러 가지 조건을 이용하여 해결해봅시다.

❶ 놀이봇이 더 복잡한 미로를 빠져 나가야 하네요.

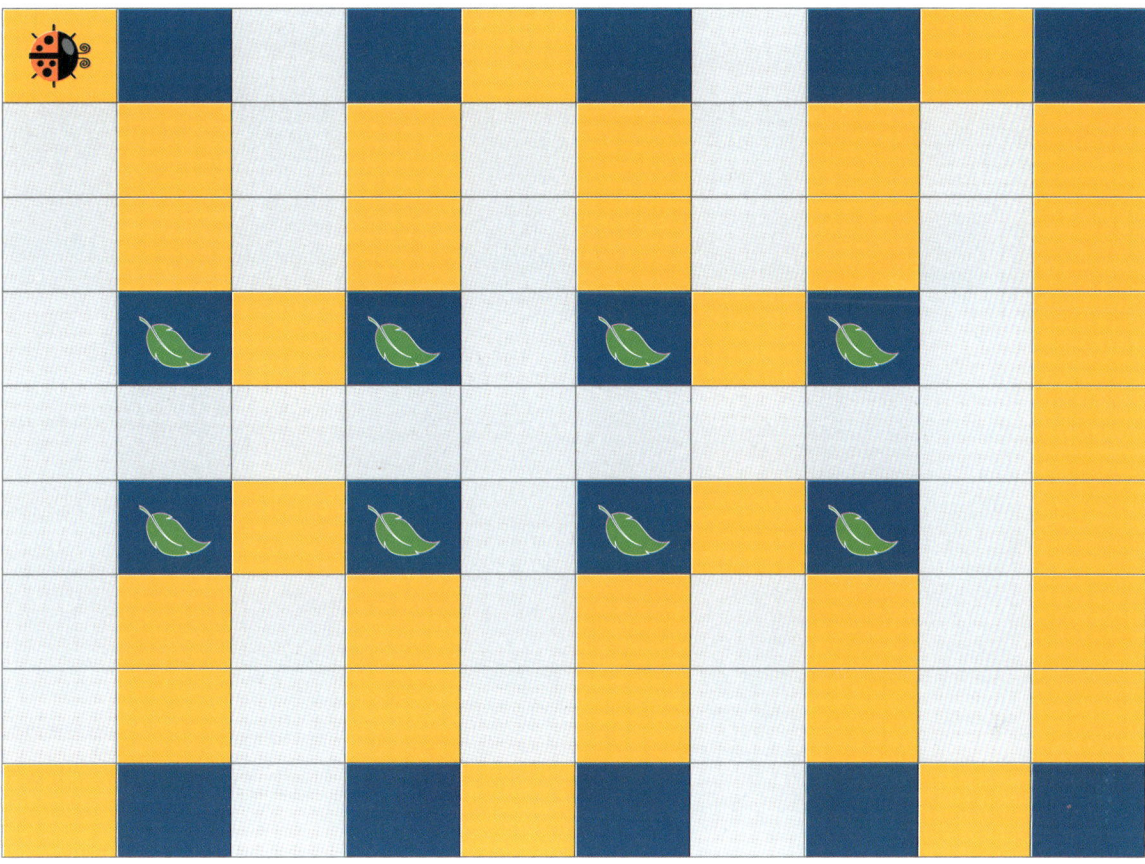

❷ 미로의 부분만 떼어서 살펴보니 노란색, 파란색의 바닥이 있고 나뭇잎이 있는 바닥도 있습니다. 자세히 살펴보면 앞에서 해봤던 미로와 비슷한 점을 발견할 수 있습니다.

❸ 만약 바닥이 [노란색]이라면 1칸 앞으로 가면 됩니다.

❹ 파란색 바닥을 만났을 때는 어떻게 하면 좋을까요? 앞에서 해본 것과 같이 '파란색' 바닥이라는 조건과 '나뭇잎'이라는 조건을 동시에 만족할 경우 왼쪽으로 돌아서 앞으로 1칸을 가면 될 것입니다. 그렇지 않고 '파란색' 바닥이라는 조건만 만족하게 되면 오른쪽으로 돌아서 앞으로 1칸을 가면 되겠죠? 이렇게 해서 완성된 코드를 보니 앞에서 해결한 문제와 코드가 동일하다는 것을 알 수 있습니다.

  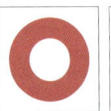 

special page

팁오버(TIPOVER) 게임

팁오버 게임은 여러 가지 색깔의 크레인을 넘어트려 크레인 위에서만 이동하면서 최종적으로 빨간색 크레인이 있는 곳까지 이동하는 게임입니다. 문제 카드를 보고 각 크레인들을 문제 카드 속 그림과 똑같이 배치한 뒤 출발지점에서 빨간 크레인을 찾아가는 것이죠.

이 게임을 통해 컴퓨팅 사고력 중 하나인 '절차적 사고(알고리즘)'를 키울 수 있습니다. 게임을 진행하기 위하여 순차적으로 어떤 크레인을 사용해야 하는지 고민하는 과정에서 알고리즘 사고력이 증진됩니다. 또한 각 문제 카드에서 제시된 조건을 분석하는 과정에서 '자료 분석' 사고력 또한 키울 수 있습니다.

• 이미지 출처: https://www.amazon.com/Think-Fun-7070-ThinkFun-Tipover/dp/B00073JTR0

놀이봇의 여행(3) 명령어를 하나로 모아서

SECTION 10

미로가 복잡할수록 사용할 명령어 카드가 많아집니다. 그리고 반복적인 경우가 많아요. 이러한 명령어 카드를 하나로 묶어서 필요할 때마다 불러다 쓸 수 있는 방법이 있습니다.

- 난이도 : ★★★
- 소요시간 : 20분
- 준비물 : 명령어 카드 (부록 3, 4, 5), 미로판(부록 6, 9)
- 놀이인원 : 1인 이상

소프트웨어 놀이를 준비해요!

○ 놀이 목표
함수를 이용하여 문제 해결하기

○ 놀이 약속
너무 짧거나 단순한 것은 함수로 만들지 않기

○ 수업 활동
5-2 국어 10. 글을 요약해요

이 놀이는
명령어들의 묶음인 함수에 대해서 알아보는 놀이입니다. 복잡한 명령어를 묶어두면 필요할 때 불러서 사용할 수 있기 때문에 코딩을 반복해서 할 필요가 없어집니다.

언플러그드 SW 놀이를 시작해요!

❶ 앞에서 해결한 문제를 가지고 함수를 만들어서 사용해보겠습니다.

❷ 놀이봇의 명령어 카드를 살펴봅시다. 이번에는 '함수 만들기', '함수 부르기'와 같은 새로운 명령어 카드가 있습니다.

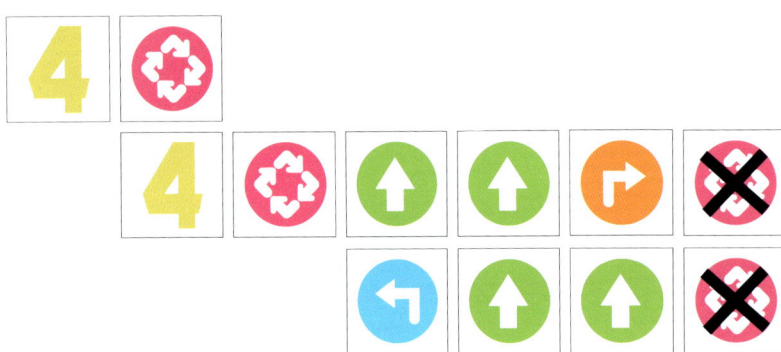

❸ 앞에서는 위와 같은 명령어 카드로 문제를 해결했습니다. 이제 반복 부분을 함수로 정의하고 가져와서 사용해보겠습니다.

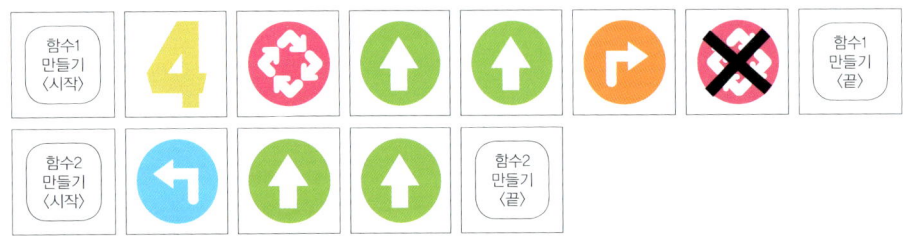

❹ 함수를 만들었습니다. 이제 '2칸 앞으로 가서 오른쪽으로 90도 만큼 돌기를 4번 반복'하는 명령어 카드는 '함수1'로 한 묶음이 되었습니다. 마찬가지로 '왼쪽으로 90도 만큼 돌아서 앞으로 2칸 가기' 명령어 카드는 '함수2'가 되었습니다. 이제 불러와서 명령어 카드를 완성해보겠습니다.

❺ 이렇듯 함수를 하나의 동작으로 묶을 수 있고 언제든지 여러 번 가져와서 사용할 수 있습니다.

함수를 명령어 묶음으로 생각하면 편리합니다. 이렇게 묶어둔 함수는 특정 동작을 하기 때문에 필요할 때마다 불러서 사용할 수 있습니다.

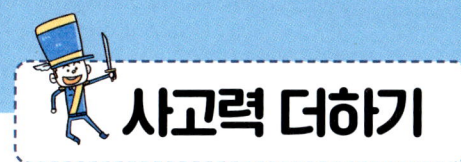

사고력 더하기

※ 다른 형태의 미로를 함수로 만들어서 해결하여 봅시다.

❶ 이번에는 마름모 모양의 미로 문제를 해결해야 합니다. 놀이봇이 미로를 한 바퀴 돌아서 제자리까지 오도록 명령어 카드를 놓아 봅시다.

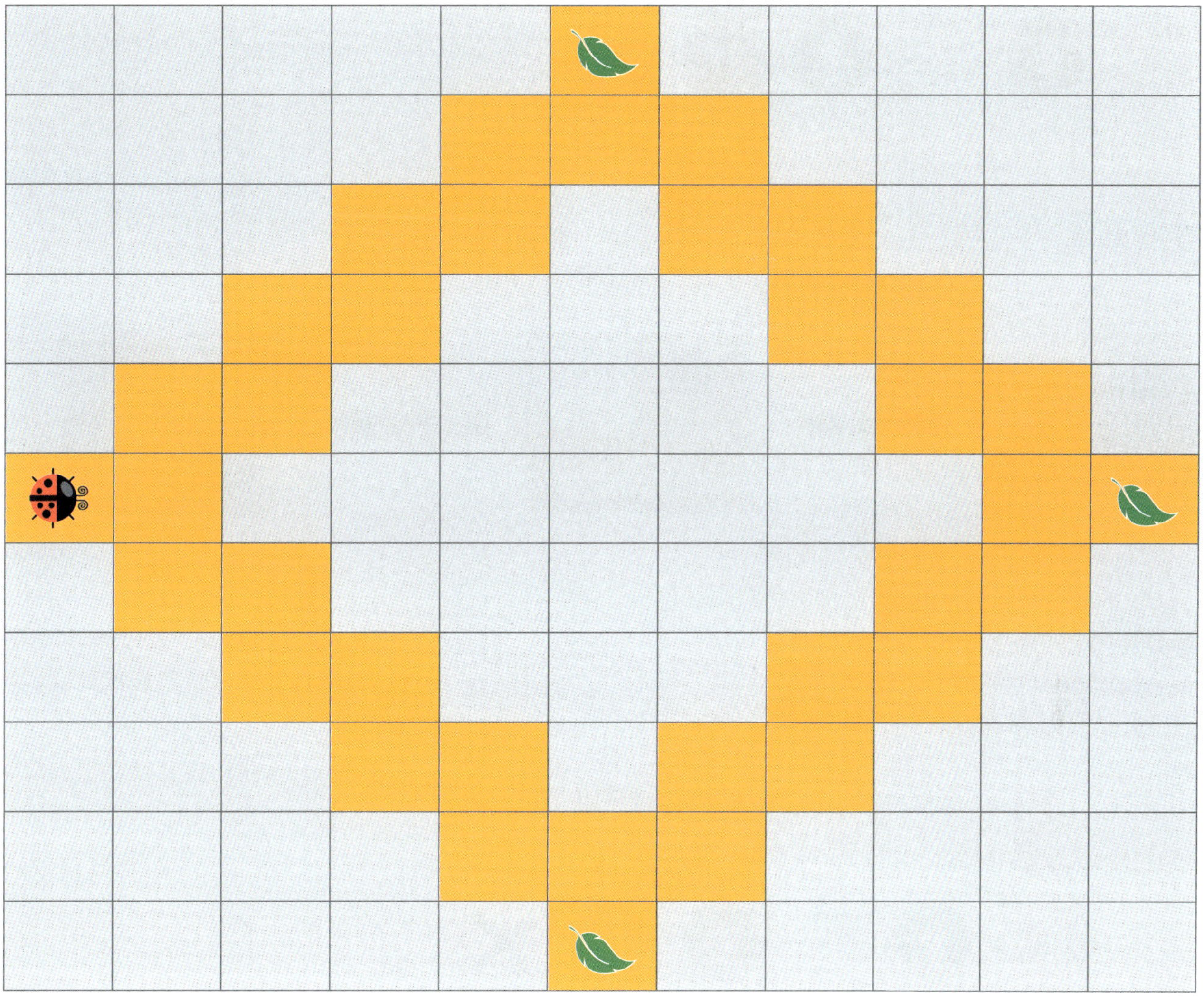

❷ 미로를 자세히 살펴보면 '앞으로 1칸 가서 왼쪽으로 돌고 다시 앞으로 가서 오른쪽으로 돌기'를 하는 패턴이 반복되는 것을 알 수 있습니다.

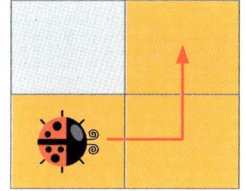

❸ ❷의 패턴을 이용하여 명령어 카드를 놓고 반복을 해주면 위쪽에 있는 나뭇잎까지 갈 수 있습니다.

❹ 이 상태에서 놀이봇을 '오른쪽으로 90도 만큼' 회전을 시켜주면 다시 ❸에서 살펴본 패턴이 보이는 것을 알 수 있습니다. 이해가 잘 되지 않는다면 책을 돌려보아도 됩니다.

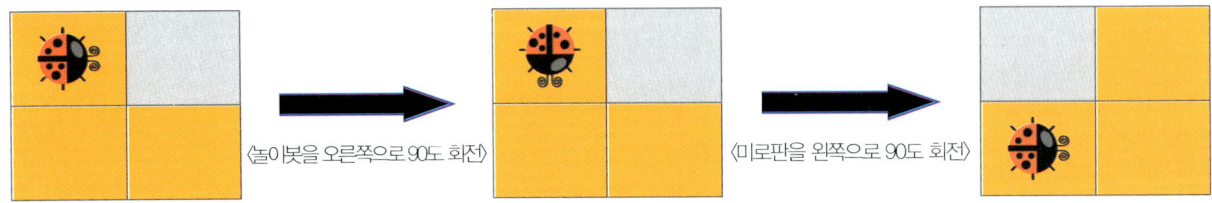

❺ 이제 앞의 패턴을 다시 사용할 수 있게 되었습니다. 놀이봇이 나뭇잎에 도착했을 때 다시 위와 같은 패턴이 나오도록 회전을 시켜주면 계속해서 ❸에서 만든 명령어 카드를 사용할 수 있는 것입니다. 따라서 이 명령어 카드를 함수로 만들어 보겠습니다.

❻ 만들어진 함수를 이용해서 미로를 빠져나오는 명령어 카드를 놓아 봅시다.

라이트봇(Lightbot)

라이트봇은 복잡한 미로에서 파란색 타일을 찾아가 불을 켜는 로봇입니다. 우리는 이 로봇에게 명령을 내려서 모든 미로를 통과하게 해야 합니다. 이동, 점프, 점등을 반복하거나 함수로 묶을 수 있습니다. 라이트봇이 제한된 명령어 안에서 문제를 해결하게 프로그래밍을 해봅시다.

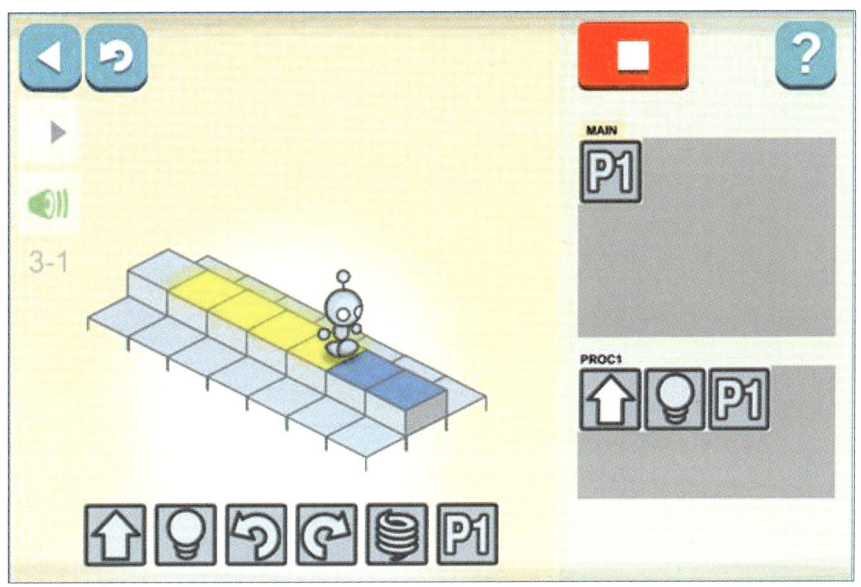

위의 경우는 보면 PROC1이라는 함수 명령어 칸에 다시 자신을 호출하는 재귀적인 코딩을 한 것을 볼 수 있습니다. 이를 MAIN이라는 명령어 슬롯에서 불러오게 되면 계속해서 PROC1의 명령어를 반복하게 되는 것입니다.

- 출처: http://lightbot.com/hocflash.html

SECTION 11

조건 게임

스무고개 놀이나 수수께끼 놀이를 해본 적이 있나요?
이번에는 조건 게임을 여러 사람이 함께 해보겠습니다. 마지막까지 남는 사람은 누구일까요?

수업길잡이

- 난이도 : ★★☆
- 소요시간 : 10분
- 준비물 : 숫자 카드
  (부록 10, 11, 12)
- 놀이인원 : 4인 이상

소프트웨어 놀이를 준비해요!

○ **놀이 목표**
게임을 통해 선택 구조 알기

○ **놀이 약속**
애매한 조건은 피하고 객관적인 조건을 말해야 하며 눈으로 확인 가능한 조건을 위주로 이야기하기

○ **수업 활동**
2-2 국어 7. 재미있는 말(스무고개)

이 놀이는
자신은 해당되지 않고 다른 사람만 해당하는 조건을 말하면서 조건에 따른 결과를 생각해봅니다. 조건 카드, 색깔 카드, 숫자 카드 등을 곁들이면 숫자 카드가 홀수인 사람, 파란색인 사람 등으로 조건을 만들 수도 있습니다.

언플러그드 SW 놀이를 시작해요!

❶ 4~5명이 둘러 앉아 가장 먼저 할 사람을 가위바위보로 정합니다.

❷ 한 손을 선서하듯이 들고 손가락을 모두 폅니다.

❸ 자기 차례가 되었을 때 최대한 많은 친구들에게 해당하는 조건을 말해서 손가락을 접으라고 합니다. 예를 들어, '청바지 입은 사람은 손가락 하나 접어'라고 말하는 것입니다. 밑줄 친 말이 '조건'이 되는 것이죠.

❹ 손가락을 모두 접게 되면 탈락이고, 가장 마지막까지 손가락을 펴고 있는 사람이 이기는 게임입니다.

놀이 tip

눈으로 확인할 수 있는 것을 말하는 것이 좋습니다. 예를 들어, 안경 쓴 사람, 반바지 입은 사람 등 입니다. 잘생긴 사람, 키가 큰 사람 같은 표현은 기준이 애매하므로 키가 140cm 이상인 사람과 같이 수치를 명확하게 제시하는 것도 한 방법입니다. 색, 크기, 모양 등 다양한 기준에 따라 분류하고 판단해보는 경험을 자주 해본다면 컴퓨팅 사고력도 향상될 것입니다.

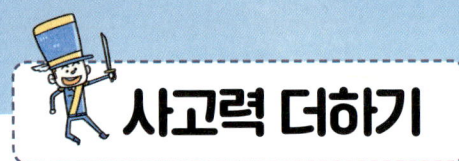

사고력 더하기

❶ 숫자 카드는 1~3까지의 숫자가 빨강, 파랑, 검정색으로 되어 있고, 각각 사각형, 삼각형, 원이 그려져 있습니다. 즉, '1'이 적힌 숫자 카드는 빨강, 파랑, 검정 3장씩 3가지 도형이 그려져 있으므로 9장이 됩니다. 모든 카드는 27장입니다. 자, 이제 숫자 카드를 섞어서 1장씩 나누어 가집니다.

❷ 게임 방법은 앞의 조건 게임과 같지만 숫자 카드를 이용하는 점이 다릅니다. 예를 들어, '숫자가 1인 사람 접어', '검정색 카드인 사람 접어'와 같이 다른 사람이 가지고 있는 카드에 대한 것을 조건으로 합니다. 손가락을 모두 접게 되면 카드를 내려놓습니다. 하지만 카드를 공개하지는 않습니다.

카드에 대한 정보는 모두가 알고 있기 때문에 전략적으로 생각하는 것이 중요합니다. '만약 숫자가 2가 아닌 사람 접어'의 경우에는 숫자가 1, 3인 많은 사람이 조건에 해당될 수 있지만 반대로 내가 들고 있는 카드가 2인 것을 다른 사람이 알게 될 수도 있습니다. 이런 점을 생각하면서 자신은 해당되지 않으면서 최대한 많은 사람이 손을 모두 접도록 하는 것이 중요합니다.

생활 속 여러 가지 조건들과 알고리즘

우리 주변을 살펴보면 조건에 따르는 것이 많이 있습니다. 대표적으로는 신호등이 있습니다. 보행자는 녹색불일 때 길을 건너고 빨간불일 때는 기다려야 한다는 약속을 정한 것이고 이것이 조건이 되어서 조건이 참일 때만 행동이 이루어지는 것입니다. 교통 표지판도 마찬가지입니다. 길을 찾고자 할 때 표지판을 따라 가게 되는데 갈림길에서 목적지에 따라 가리키는 방향으로 가게 되는 것입니다.

즉, 무엇인가 나뉘게 되는 상황에는 조건이 필요하게 되는 것입니다. 승강기를 타기 위해서 위나 아래로 가는 버튼을 누르게 되고 원하는 층을 누르면 승강기가 올라가거나 내려가게 됩니다. 자판기에서 원하는 음료수나 과자를 선택하고 해당되는 돈을 넣으면 내가 선택한 것이 나오지요. 이처럼 우리가 무엇인가 선택하는 순간들에서 조건이 생기게 되고 바로 이런 선택과 반복들이 모이게 되면 알고리즘이 되는 것입니다.

우리가 일상생활에서 어떤 것을 구분하고 선택하는 기준들을 생각해볼까요? 옷을 고를 때 색상, 디자인, 치수, 가격 등을 따집니다. 색상, 모양, 크기, 연령 등과 같이 표현할 수 있겠죠? 그렇다면 온라인에서 옷을 판매하는 사람은 구매하려는 사람이 이런 것을 검색해서 살펴볼 수 있도록 온라인 쇼핑몰을 만들어야 할 것입니다.

주변을 관찰하여 필요한 자료를 수집하여 분석하는 것, 이것들을 추상화하여 필요한 조건(요소)들로 만들어 내어 알고리즘을 설계하는 모든 활동들이 컴퓨팅 사고력과 관련이 깊습니다. 그러니 평소에도 '이것은 어떤 조건에 따라 나뉘는 것일까?'와 같은 생각을 해보면 좋겠습니다.

SECTION 12. 패턴 카드 놀이

여러분도 카드를 가지고 다양한 놀이를 해보았을 것입니다. 숫자 카드를 가지고 패턴 찾기 놀이를 해봅시다. 모든 조건에 대해 모두 같거나 다른 경우에 패턴을 찾게 되는 것입니다.

 **수업길잡이**

- 난이도 : ★★★
- 소요시간 : 20분
- 준비물 : 숫자 카드
  (부록 10, 11, 12)
- 놀이인원 : 2인 이상

소프트웨어 놀이를 준비해요!

- **놀이 목표**
  숫자 카드를 이용하여 패턴을 찾아보기

- **놀이 약속**
  패턴을 찾은 경우 다른 사람들에게 설명한 다음 가져가기

- **수업 활동**
  6-2 수학 1. 쌓기나무(조건에 따라 모양 만들기)

 **패턴인식**

이 놀이는
패턴을 찾아보는 경험은 문제 해결에 있어서 중요한 부분입니다. 모양, 색, 숫자 등이 서로 같거나 다른 것을 찾아보면서 조건에 따라 어떤 패턴이 만들어지는지 생각해볼 수 있습니다.

언플러그드 SW 놀이를 시작해요!

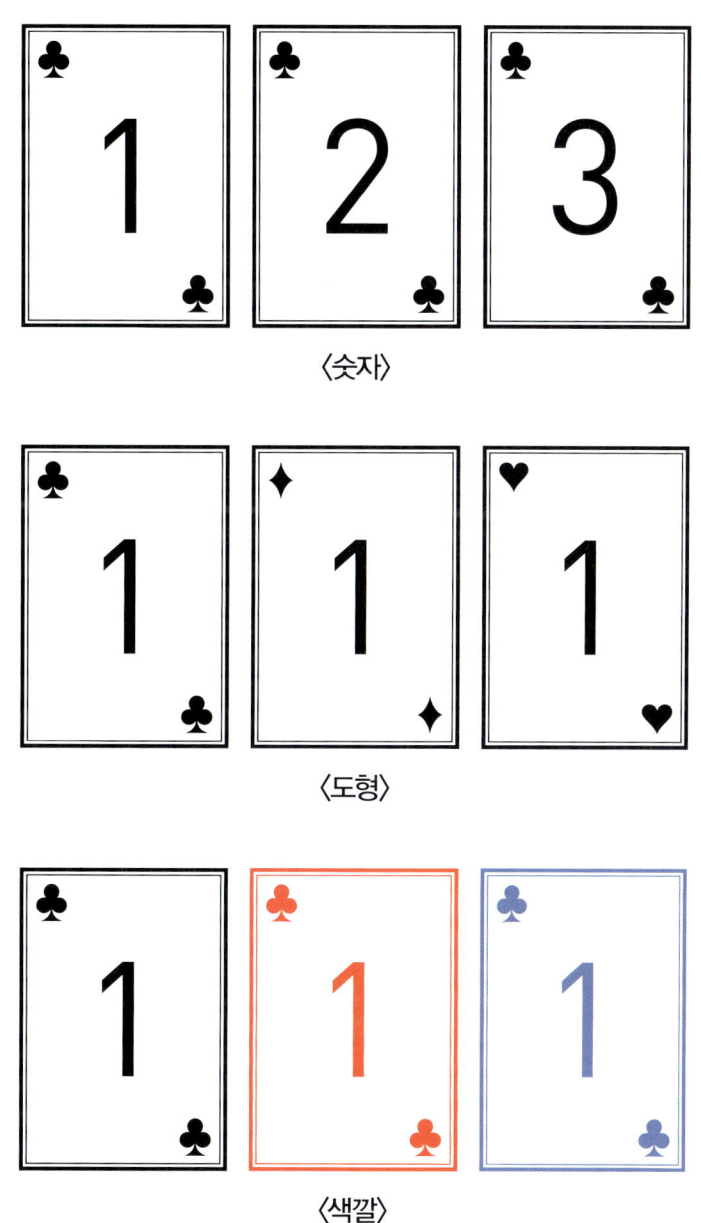

❶ 숫자 카드는 3가지의 특징을 가지고 있습니다. 첫 번째 특징은 숫자가 1~3까지 있는 것, 두 번째 특징은 도형이 삼각형(△), 사각형(□), 원(○)이 그려져 있는 것입니다. 마지막 특징은 빨강, 파랑, 검정의 3가지의 색으로 되어 있는 것입니다.

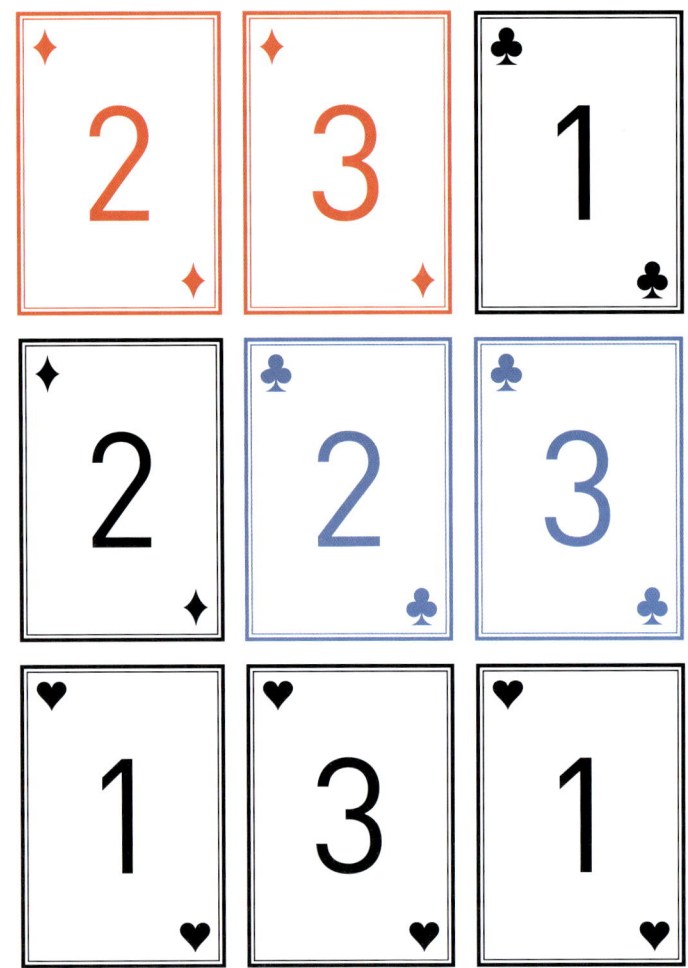

❷ 27장의 카드를 잘 섞어서 그중 9장을 가로 3장, 세로 3장씩 놓습니다. 남은 카드 더미는 옆에 둡니다.

조건	숫자	도형	색깔
모두 같은가?			
모두 다른가?			

❸ 게임의 규칙은 간단합니다. 카드 9장이 모두 펼쳐지면 게임이 시작됩니다. 놓인 카드 중에서 조건이 모두 같거나 다른 3장의 숫자 카드를 먼저 찾아서 '패턴'이라고 외치는 것입니다.

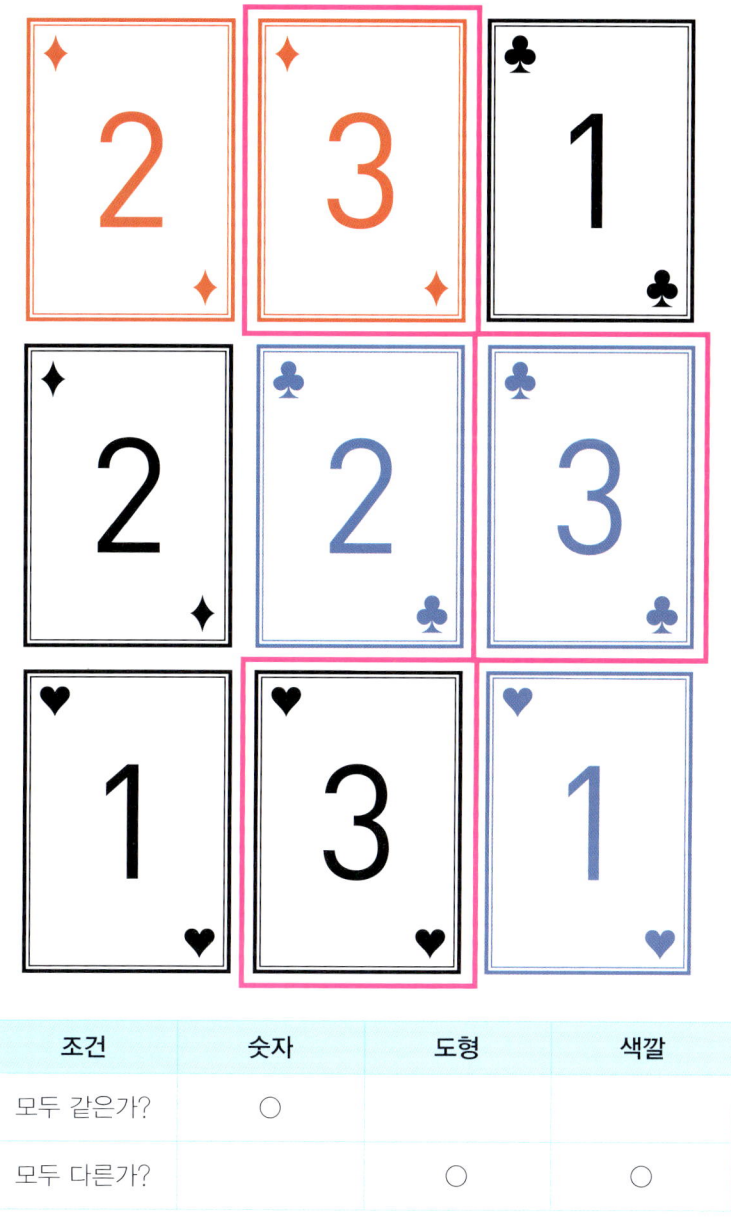

조건	숫자	도형	색깔
모두 같은가?	○		
모두 다른가?		○	○

❹ 예를 들어, 위의 카드에서 보면 숫자는 3으로 모두 같고, 도형과 색깔이 모두 다르기 때문에 '패턴'이 맞는 것입니다.

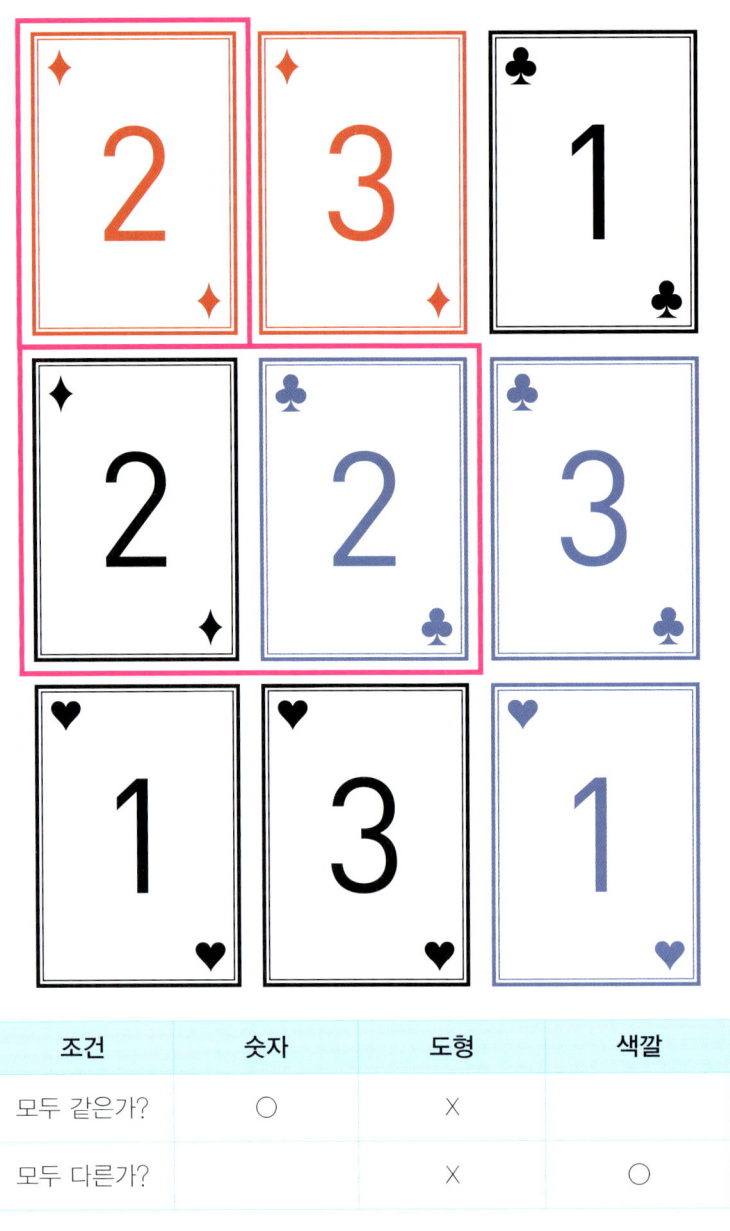

조건	숫자	도형	색깔
모두 같은가?	○	X	
모두 다른가?		X	○

❺ 이 경우에는 숫자는 모두 같고, 색깔은 모두 다르지만 도형이 모두 같지도 않고 다르지도 않으므로 '패턴'이 되지 않는 것입니다.

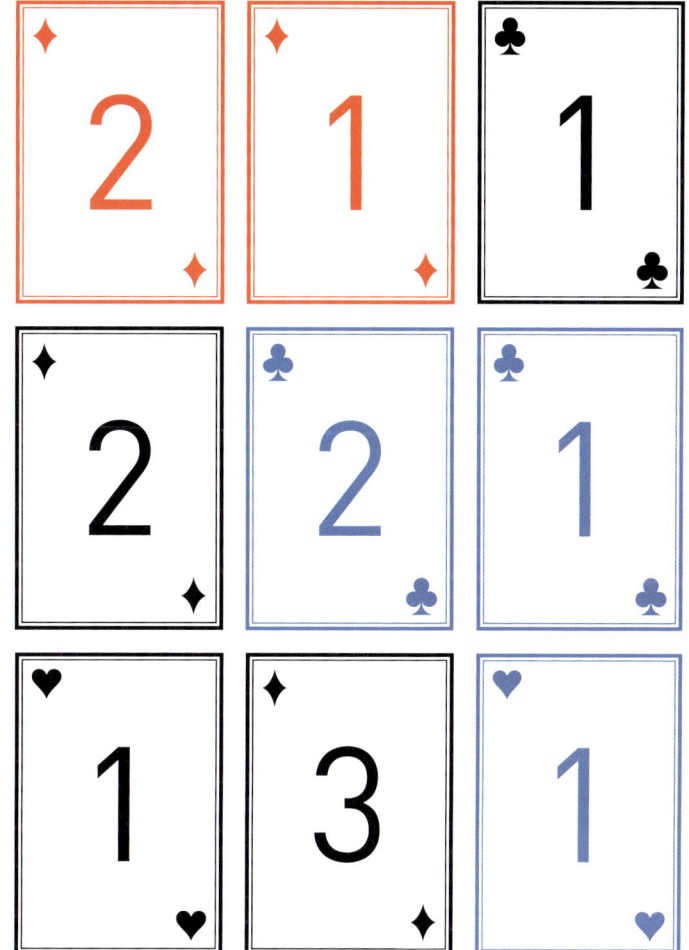

❻ 자신이 찾은 패턴을 말하고 모두가 인정하면 카드를 가져갑니다. 빈자리에는 카드 더미에서 카드를 가져와 놓습니다. 다시 앞의 과정을 반복하여 가장 많이 카드를 가져간 사람이 이기게 되는 놀이입니다. 만약 패턴을 잘못 찾은 경우에는 자신이 가진 1장의 카드를 카드 더미에 내려놓습니다.

만약 1개의 패턴도 찾지 못하는 경우에는 카드를 다시 섞어서 놓습니다. 조건을 나타내는 표를 머릿속에 그린 후에 하나씩 조건을 따져보면 패턴이 눈에 잘 보입니다.

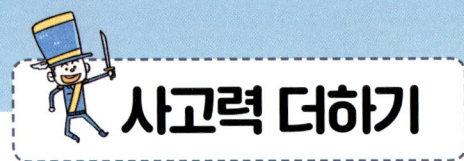

사고력 더하기

※ 바닥에 펼치는 카드를 12장으로 늘려서 해봅시다.

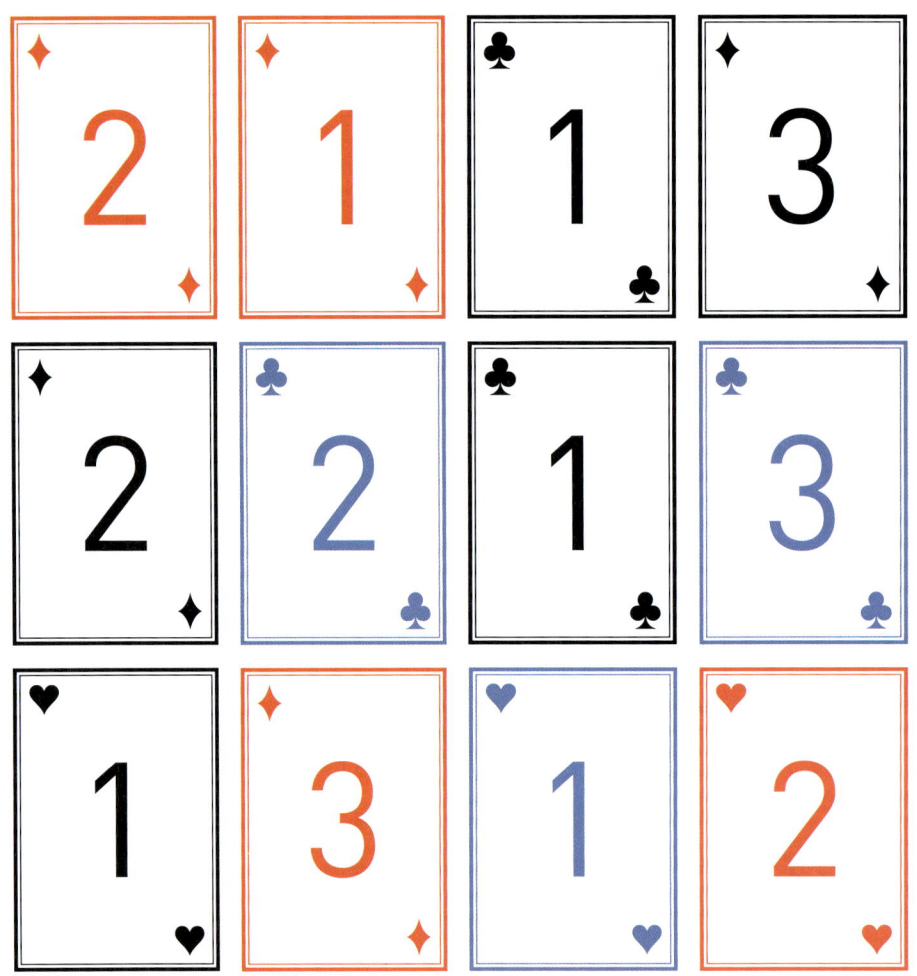

※ 새로운 규칙을 만들어서 놀이를 해봅시다.

〈내가 생각한 규칙〉

예 모두 같거나 모두 다른 경우를 찾았을 때는 원하는 카드를 1장 더 가져간다. 9장의 숫자 카드로 놀이를 할 때 가로, 세로, 대각선에서 패턴을 찾았을 경우에는 카드를 2장 더 가져간다.

세트(SET) 게임

세트는 지능이 높은 사람들의 모임인 멘사에서 추천하는 보드 게임 중 하나입니다. 총 81장의 카드로 구성되어 있는데 카드에는 마름모, 타원, 구불구불한 모양에 빨간색, 초록색, 보라색 중 한 가지 색으로 칠해져 있고, 모양의 내부는 완전히 칠해진 것, 속이 비고 테두리만 있는 것, 줄무늬로 된 음영이 있습니다. 또한, 도형의 개수는 1개부터 3개까지 있습니다. 즉, 4가지의 조건 안에 3가지의 조건이 또 있는 셈입니다.

이러한 카드를 바닥에 12장을 펼쳐 놓고 '세트'가 되는 조합을 찾아서 '세트'를 외치면 카드를 가져갈 수 있습니다. '세트'라는 것은 4가지의 속성인 모양, 색깔, 음영, 갯수에 대하여 3장의 카드가 모두 같거나 다른 경우에 해당됩니다. 예를 들어, 모양은 모두 다르지만 개수와, 색깔, 음영이 모두 같으면 '세트'에 해당하는 것입니다.

다양한 조건을 생각해보면서 '세트'를 찾는 재미도 있을 뿐만 아니라 수준에 따라서 다양한 규칙이 있으니 보드 게임을 해보면서 조건에 대한 감각을 길러봅시다.

• 출처: http://www.divedice.com/shop/goods/goods_view.php?goodsno=2641&category=001

수도코드 놀이

SECTION 13

수도코드(pseudocode)는 일반적인 언어로 코드를 흉내 내어 알고리즘을 써놓은 것을 말합니다.
즉, 알고리즘을 표현하는 여러 가지 방법 중에 하나입니다.
우리의 일상생활을 수도코드로 써보는 놀이를 해봅시다.

수업길잡이

- 난이도 : ★★★
- 소요시간 : 20분
- 준비물 : 필기구
- 놀이인원 : 1인 이상

소프트웨어 놀이를 준비해요!

○ 놀이 목표
수도코드 작성을 통해 알고리즘 표현 방법 알기

○ 놀이 약속
작성 규칙을 지켜 쓰고 간략하게 쓰도록 노력하기

○ 수업 활동
3-2 국어 5. 낱말의 짜임(순서나 방법 설명하는 글)

알고리즘

이 놀이는
알고리즘을 표현한다는 것은 매우 중요한 경험입니다. 내가 생각한 것을 논리적으로 쓰는 것뿐만 아니라 프로그래밍을 하기 전에 프로그램을 설계하는 매우 중요한 과정이기 때문입니다. 한글 의사코드를 작성하는 경험을 통해서 알고리즘과 친숙해져 봅시다.

언플러그드 SW 놀이를 시작해요!

❶ 하루의 일과를 생각하여 봅시다. 아침, 점심, 저녁 또는 9시, 12시 등 시간 단위나 조건에 따라 하루 일과를 구분하고, 반복되는 일과를 찾아봅시다.

예

만약, 아침이라면
    일어난다.
    세수를 한다.
    밥을 먹는다.

만약, 수업 시간이라면
    책을 준비한다.
    공부를 한다.

만약, 청소 시간이라면
    청소를 한다.

만약, 저녁이라면
    저녁을 먹는다.
    샤워를 한다.
    잠을 잔다.

순서	수도코드
1	
2	
3	
4	
5	
6	
7	
8	
9	
10	

❷ 하루의 일과를 수도코드로 써봅시다.

예

만약, 청소 시간이라면
    빗자루를 든다.
    쓰레받기를 든다.
10번 반복, 교실 앞에서 뒤까지
    바닥을 쓴다.
        만약, 휴지가 있다면
            휴지를 줍는다.
            쓰레기통에 버린다.
책상을 정리한다.

순서	수도코드
1	
2	
3	
4	
5	
6	
7	
8	
9	
10	

❸ 일과 중에서 반복되는 부분을 구체적으로 생각하여 수도코드로 써봅시다.

예

변수, '결과' 준비
반복, 1부터 10까지 1씩 증가
    만약, 짝수라면
        '결과'에 덧셈
'결과' 출력

순서	수도코드
1	
2	
3	
4	
5	
6	
7	
8	
9	
10	

❹ 일과 중에서 반복되는 부분을 구체적으로 생각하여 수도코드로 써봅시다.

 놀이 tip

일반적으로 수도코드는 IF, SET, LOOP, PRINT 등과 같이 프로그래밍 언어와 유사한 형태로 씁니다. 하지만 그러한 프로그래밍 언어를 익히기 힘든 점이 있으니 한글로 반복, 변수, 만약, 출력 등과 같이 한글로 써보는 것입니다. 들여쓰기의 경우에도 파이썬 프로그래밍 언어에서와 같이 포함 관계를 나타냅니다. 즉, 들여쓰기를 하면 위의 문장에 포함되게 되는 것입니다. 어떤 일을 잘게 쪼개어 패턴을 찾아 알고리즘으로 만들고 표현해보는 활동은 많은 연습이 필요합니다. 주변의 작은 일부터 알고리즘으로 만들어 수도코드로 써봅시다.

흐름도

알고리즘을 표현하는 방법은 자연어, 흐름도(순서도, Flow Chart), 의사코드 등 다양합니다. 자연어는 우리가 쓰는 일상 언어를 말하는데 요리 방법을 적듯이 알고리즘을 차례대로 일상 언어를 이용하여 작성하는 것입니다. 흐름도는 기호와 도형을 이용하여 그림으로 나타낸 것을 말합니다.

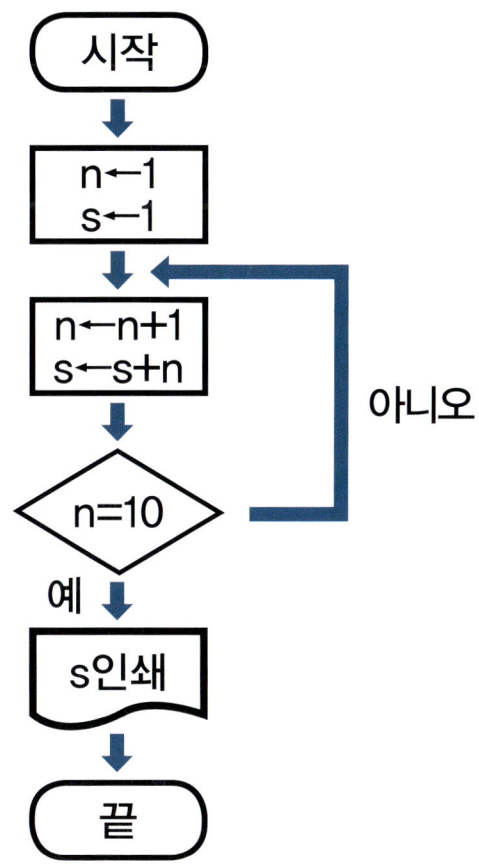

흐름도에 생각의 흐름은 선으로 연결되며 각 도형의 의미에 맞는 처리를 하게 됩니다. 위의 순서도는 n이라는 변수를 만들어서 n이 1에서 10까지 커지도록 하여 s라는 변수에 저장하는 알고리즘을 나타낸 것입니다. 마지막에 n이 10이 되면 반복을 중단하고 s에 저장된 값을 출력한 후 알고리즘을 종료하게 됩니다.

율동 만들기

SECTION 14

학예회 단체 무용을 연습을 해보았을 것입니다. 이때 긴 곡을 한꺼번에 연습하지는 않지요?
처음에는 부분으로 나눠서 연습을 할 것입니다.
만약 음악에 맞춰서 율동을 만들어야 한다면 어떻게 하면 좋을까요?

수업길잡이

- 난이도 : ★★★
- 소요시간 : 30분
- 준비물 : 없음
- 놀이인원 : 2인 이상

🚩 소프트웨어 놀이를 준비해요!

○ **놀이 목표**
다양한 손동작으로 율동 만들어 보기

○ **놀이 약속**
책상이나 물건을 심하게 내리치거나 소란스럽지 하지 않기

○ **수업 활동**
2-1 통합 1. 나의 몸   2-2 통합 1. 우리나라와 이웃나라(율동하기)
3-1 체육 1. 다양한 움직임을 익혀요

알고리즘

이 놀이는
긴 율동을 쪼개어 생각해보고 순서대로 나열해보는 놀이입니다. 실제 리듬에 맞춰 손동작 율동을 해보면 참 재미있을 것입니다.

언플러그드 SW 놀이를 시작해요!

❶ 어떤 동작으로 율동을 만들지 생각해봅시다. 시작할 때는 어떤 동작인지, 중간에는 어떤 동작인지, 끝날 때는 어떻게 할지 등으로 구분하여 그림으로 나타내고 설명을 넣습니다. 예를 들어, 손바닥으로 책상 치기 두 번, 팔꿈치로 책상 치기 두 번, 손뼉 치기 두 번을 하는 식으로 율동을 만드는 것입니다.

구분	동작을 그림으로 그리기	설명
〈시작〉 손바닥으로 책상 치기		손바닥으로 책상을 치는 동작을 한다.
〈중간〉 팔꿈치로 책상 치기		팔꿈치로 책상을 치는 동작을 한다.
〈마무리〉 손뼉 치기		손뼉을 친다.

❷ 그 외에도 손 엇갈리기, 머리나 어깨에 손 올리거나 펴기, 손바닥 접거나 펴기 등 다양한 동작을 생각하여 만들 수 있습니다.

구분	동작을 그림으로 그리기	설명
〈시작〉 손바닥으로 책상 치기		손바닥으로 책상을 치는 동작을 한다.
팔꿈치로 책상 치기		팔꿈치로 책상을 치는 동작을 한다.
손뼉 치기		손뼉을 친다.
왼팔 올리기		양팔을 직각으로 만들었다가 왼팔을 서서히 올린다.
양팔 시계 방향으로 돌리기		다시 직각이 되었을 때 시계 방향으로 서서히 돌린다.
오른팔 내리기		오른팔을 아래로 서서히 내린다.
두 팔 겹치기		두 팔을 겹친다.

❸ 반복되는 동작을 묶어서 표현해주고 다양한 동작을 더 넣어 봅니다. 완성된 율동을 연습하여 친구들과 함께 해 봅시다.

구분	동작을 그림으로 그리기	설명
〈시작〉 손바닥으로 책상 치기	×3	손바닥으로 책상을 치는 동작을 한다.
팔꿈치로 책상 치기	×3	팔꿈치로 책상을 치는 동작을 한다.
손뼉 치기	×3	손뼉을 친다.
왼팔 올리기		양팔을 직각으로 만들었다가 왼팔을 서서히 올린다.
양팔 시계 방향으로 돌리기		다시 직각이 되었을 때 시계 방향으로 서서히 돌린다
오른팔 내리기		오른팔을 아래로 서서히 내린다.
두 팔 겹치기		두 팔을 겹친다.

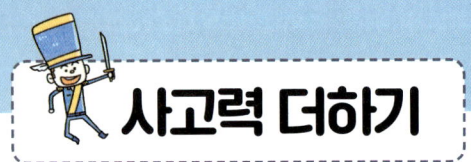

사고력 더하기

노랫말	동작을 그림으로 그리기	설명

춤추는 로봇

로봇이 춤을 추는 것을 본 적이 있나요? 정해진 동작을 여러 대의 로봇이 추는 춤은 신기하기도 하고 보는 재미가 있습니다. 로봇들이 어떻게 춤을 추도록 했을까요?

로봇은 기계적으로도 복잡하지만 소프트웨어도 매우 복잡합니다. 그래서 로봇이 춤을 춘다는 것은 쉬운 일이 아닙니다. 춤 동작을 모두 나누어서 한 동작마다 어떻게 움직여야 하는지를 정해주어야 합니다. 사람은 팔을 올리거나 내리는 것이 금방 이해되고 쉽게 움직일 수 있지만 로봇은 각 부분을 사람이 만들어 주고 모든 것을 다 프로그래밍 해야 합니다.

하지만 좋은 점도 있습니다. 여러 사람은 똑같은 동작의 춤을 추려고 하면 각 사람이 열심히 연습을 해야 합니다. 그런데 로봇은 한 대의 로봇이 춤출 수 있도록 알고리즘을 설계하고 프로그래밍을 하게 되면 똑같이 생긴 수십, 수백 대의 로봇에게 똑같은 프로그램을 넣어 주는 것만으로 군무(여럿이 추는 춤)를 하도록 만들 수 있습니다.

• 출처: http://news.sbs.co.kr/news/endPage.do?news_id=N1003723014

PART 02

컴퓨터 과학의 개념과 최신 컴퓨팅 이슈를 배우는 언플러그드 SW 놀이

① 손전등 암호 놀이

② 시계의 비밀을 풀어라!

③ 내 마음을 표현해!

④ 내겐 가장 무거운 지우개

⑤ 줄 서는 병정들

❻ 프랙털 카드 만들기

❼ 오토마타, 빨대 목마 만들기

❽ VR? 가상현실 속으로

❾ AR? 증강현실 속으로

❿ 적정기술, 와카워터 만들기

손전등 암호 놀이

SECTION 01

멀리 떨어진 친구에게 어떤 메시지를 보내야 한다면 어떻게 할 수 있을까요?
손전등으로 비밀 메시지를 전달해봅시다.

- **난이도**: ★★★
- **소요시간**: 20분
- **준비물**: 손전등, 숫자 약속지(부록 21), 문자 약속지(부록 21) 미니 화이트보드, 보드마카
- **놀이인원**: 2인 이상

소프트웨어 놀이를 준비해요!

○ **놀이 목표**
손전등 게임으로 이진수 이해하기

○ **놀이 약속**
손전등의 불빛으로 장난치지 않기

○ **수업 활동**
4-2 수학 6. 규칙과 대응   5-2 실과 6. 생활과 정보
6-2 실과 4. 생활과 전기전자

이진수

이 놀이는
손전등을 켜고, 끄는 동작을 통해 메시지를 전달하는 이진수 놀이에요. 켜고(1) 끄는(0) 2가지 동작만으로 정보를 전달하는 과정에서 컴퓨터가 정보를 저장하고, 전달하는 이진수의 세계를 이해할 수 있습니다.

언플러그드 SW 놀이를 시작해요!

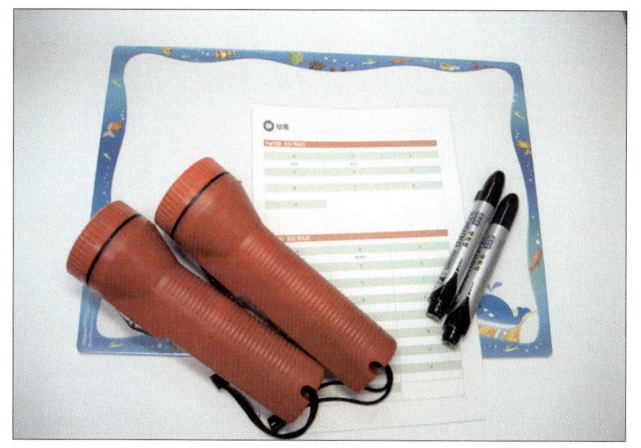

❶ 손전등 놀이를 준비합니다.

❷ 손전등을 켜고 끄는 동작에 따라 몇 가지 약속 기호를 정합니다. 예를 들어 불을 켜면 숫자 1을, 불을 끄면 숫자 0을 뜻하며, 짧게 켜고 끄면 숫자 2를 의미하는 것으로 약속을 정합니다.

❸ 주변을 어둡게 하고 각자의 위치로 이동합니다. 멀리 떨어져서 신호를 주고받아도 좋습니다.

❹ 약속된 손전등 신호에 따라 메시지를 주고받습니다.

어두운 곳이어야 손전등의 불빛을 정확하게 볼 수 있습니다. 주변을 어둡게 하여 더욱 재미있게 놀이를 즐겨봅시다.

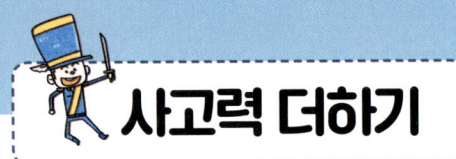
사고력 더하기

❶ 약속 기호를 숫자가 아닌 영어로 정해보세요. 짧은 단어를 알아맞히는 게임을 할 수 있습니다.

❷ 위에서 정한 기호대로 영어 단어 메시지를 전달해봅니다. 예를 들어 불을 켜면 알파벳 A를, 불을 끄면 알파벳 B를 뜻하며, 짧게 켜고 끄면 알파벳 C를 의미하는 것으로 약속을 정하는 것입니다.

SOS 모스 부호의 의미

영화를 보면 위기 상황에 처한 사람들이 SOS를 외치거나 바닥에 적어서 구조 요청을 할 때가 있습니다. 이때 SOS는 어떤 의미일까요? SOS 자체는 어떤 뜻을 가지고 있지 않습니다. 다만, 모스 부호 중 위급한 상황에서 가장 알리기 쉬운 부호의 순서입니다. S는 ●●●, O는 ▬▬▬로 나타내기 때문에 SOS를 모스 부호로 나타내면 ●●● ▬▬▬ ●●● 이렇게 되는 것이죠. 이전에는 CQD(Come Quick Danger)가 조난신호로서 사용되었으나, 잡음이나 혼신이 있을 경우 청취 판별이 어려워 1906년 제11회 국제무선전신회의 때 SOS로 바뀌었다고 합니다. 부호가 간결하고 판별하기 쉽기 때문에 이렇게 정해진 것이라 볼 수 있습니다. 여러분도 간단한 모스 부호를 미리 익혀 혹시 모를 위급 상황에 대비해보는 것은 어떨까요?

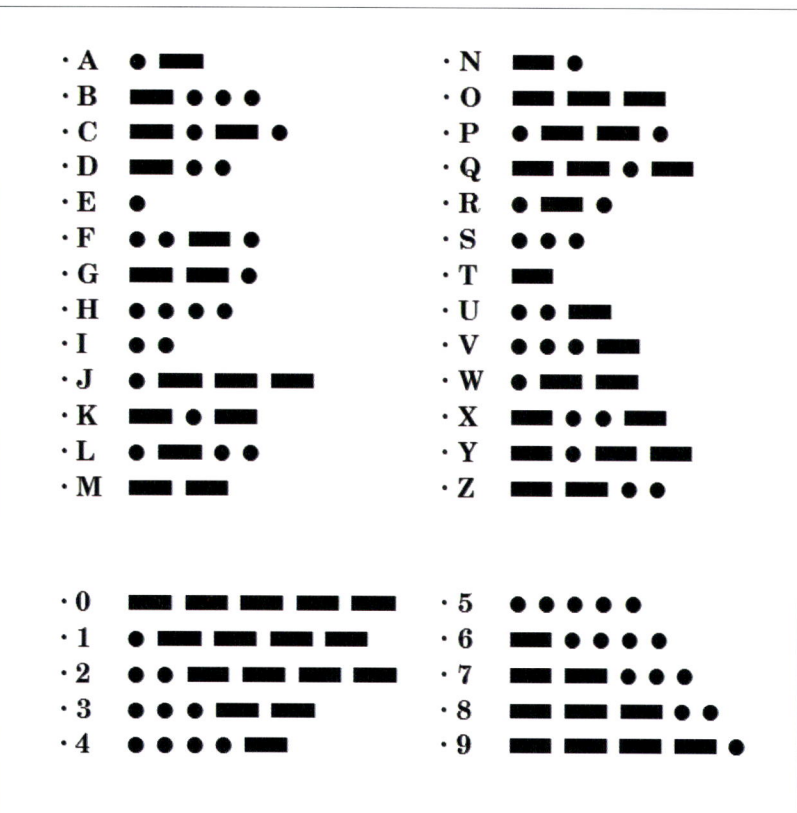

SECTION 02

시계의 비밀을 풀어라!

여기 특이한 시계가 있습니다.
이 시계의 비밀을 풀어 몇 시 몇 분 몇 초인지 알아봅니다.

- 난이도 : ★★★
- 소요시간 : 20분
- 준비물 : 시계 약속 카드(부록 13), 미니 화이트보드, 보드마카
- 놀이인원 : 2인 이상

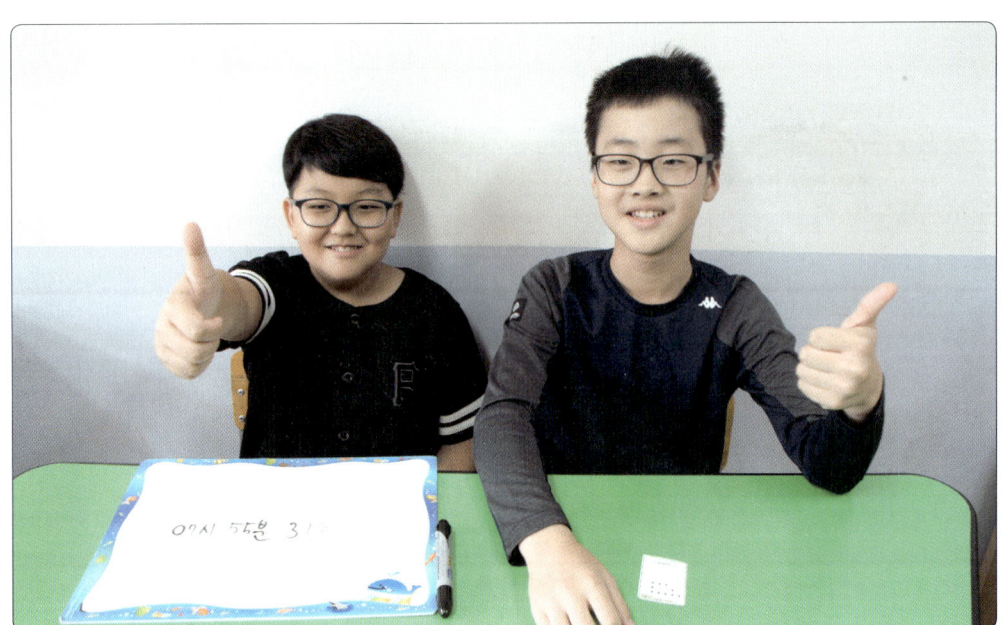

소프트웨어 놀이를 준비해요!

○ **놀이 목표**
   이진수 시계(Binary Clock)로 이진수 이해하기

○ **놀이 약속**
   시각을 읽어내는 규칙 찾기

○ **수업 활동**
   4-2 수학 6. 규칙과 대응   5-2 실과 6. 생활과 정보
   6-2 실과 4. 생활과 전기전자

이 놀이는
이진수 시계(Binary Clock)를 읽는 방법을 통해 이진수를 이해하는 놀이입니다. 이진수의 각 자릿수에 불이 켜져 있는지 꺼져 있는지를 통해 시, 분, 초를 읽을 수 있을 뿐 아니라 이진수 시계 읽기 놀이를 통해 0과 1의 세계를 좀 더 잘 알 수 있습니다.

언플러그드 SW 놀이를 시작해요!

❶ 이진수 시계 읽기 놀이를 준비합니다.

❷ 시계 약속 카드를 보면서 이진수 시계를 읽는 방법을 익혀봅니다.
  ❶ 시, 분, 초에는 각각 해당 시각을 알려주는 자릿수가 있습니다.
  ❷ 예를 들어 H의 왼쪽에는 1의 자리에만 불이 켜져 있으므로 1을 뜻합니다. H의 오른쪽에는 아무 불도 들어오지 않았으므로 0을 의미합니다. 따라서 시는 1과 0이 합쳐진 10시를 뜻하는 것입니다.
  ❸ M의 왼쪽에는 1과 2의 자리에 각각 불이 들어왔으므로 합하면 3이 됩니다. M의 오른쪽에는 1과 2, 4의 자리에 불이 들어왔으므로 더하면 7이 되지요. 그러므로 분은 3과 7이 합쳐진 37분을 의미합니다.
  ❹ S의 왼쪽에는 3의 자리에만 불이 켜져 있으므로 4를 뜻합니다. S의 오른쪽에는 1과 8의 자리에 불이 들어왔으므로 더하면 9가 됩니다. 따라서 초는 4와 9가 합쳐진 49초를 의미합니다.

❸ 시계 문제 카드를 읽어봅니다. 위의 문제 카드는 몇 시, 몇 분, 몇 초를 가리키고 있나요?

❹ 친구에게 문제 카드를 보여주고 시각을 맞히는 놀이를 해봅니다.

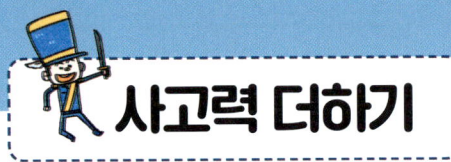

사고력 더하기

❶ 주어진 문제 카드 말고 직접 화이트보드에 이진수 시계를 그려 문제를 만들어봅니다.

❷ 방법은 앞에서 배운 것과 같습니다. 직접 문제를 만들고 이를 해결하는 친구와의 게임을 통해 이진수 시계 읽기를 마스터해보세요.

이진수 시계를 읽는 방법을 익혔다면 게임으로 놀이를 즐겨보세요. 친구와 문제 카드를 반씩 나누어 가지고, 서로 문제를 내고 시간을 재어 더 빨리 시각을 읽는 사람이 이기는 게임이나 한 명이 술래가 되고 2명이 맞히는 사람이 되어 먼저 시각을 읽는 사람이 이기는 게임도 재미있답니다.

이진수 시계

앞에서 살펴본 이진수 시계가 진짜 있는 시계냐고요? 그럼요! 아직도 이진수 시계를 팔고, 이것을 사서 시각을 읽는 사람들이 있습니다. 시계를 읽는데도 한참을 봐야 할 것 같지만 익숙해지면 어렵지 않게 금방 시각을 읽을 수 있지요. 여러분도 처음에는 이 시계를 어떻게 읽어야 할지 난감했지만, 지금은 잘 읽을 수 있는 것처럼 말이죠.

이렇게 컴퓨터는 0과 1로 세상의 정보를 읽고, 저장하고, 밖으로 내보냅니다. 이진수 시계를 읽게 됨으로써 컴퓨터 세계에 한 발 더 가까이 다가간 여러분! 어떤가요? 어렵게만 느껴지던 컴퓨터도 이제 조금은 더 잘 알 수 있겠죠?

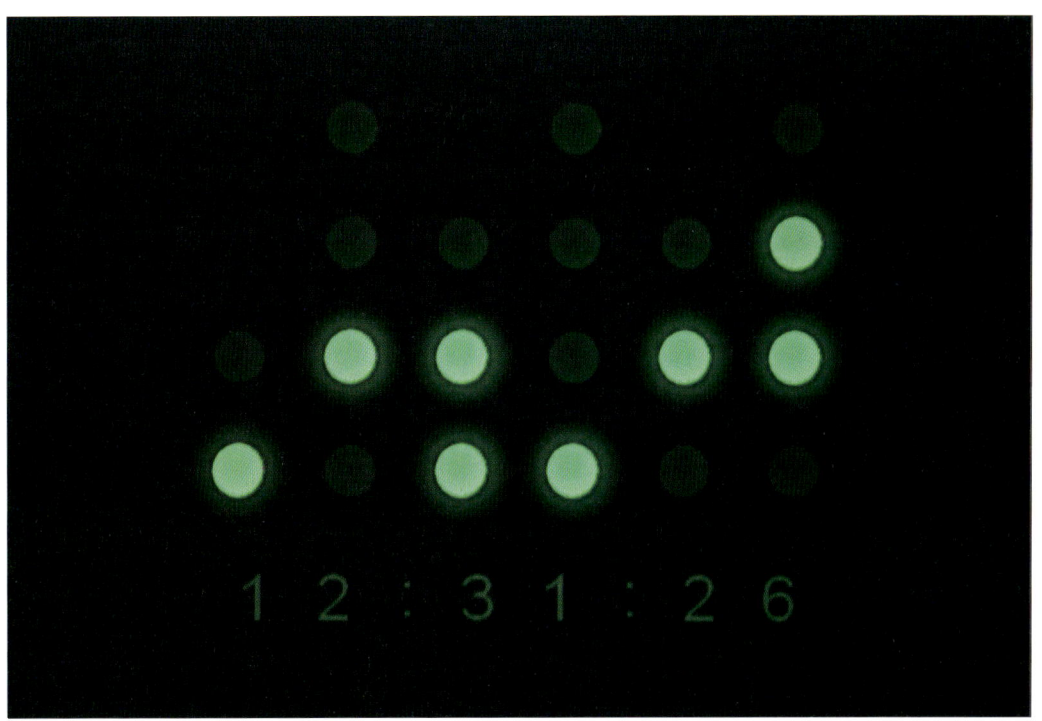

SECTION 03
내 마음을 표현해!

사람의 신장이나 몸무게와 같이 정확하게 재고 나타낼 수 있는 정보가 아니라 행복 지수나 마음의 상태와 같은 추상적인 정보를 컴퓨터는 어떻게 처리할까요?

- 난이도 : ★★★
- 소요시간 : 20분
- 준비물 : 마음 상태 카드(부록 14), 날씨 상태 카드(부록 15), 부호화 활동지(부록 22, 23), 부호화 활동지 결과물 예시(부록 16)
- 놀이인원 : 1인 이상

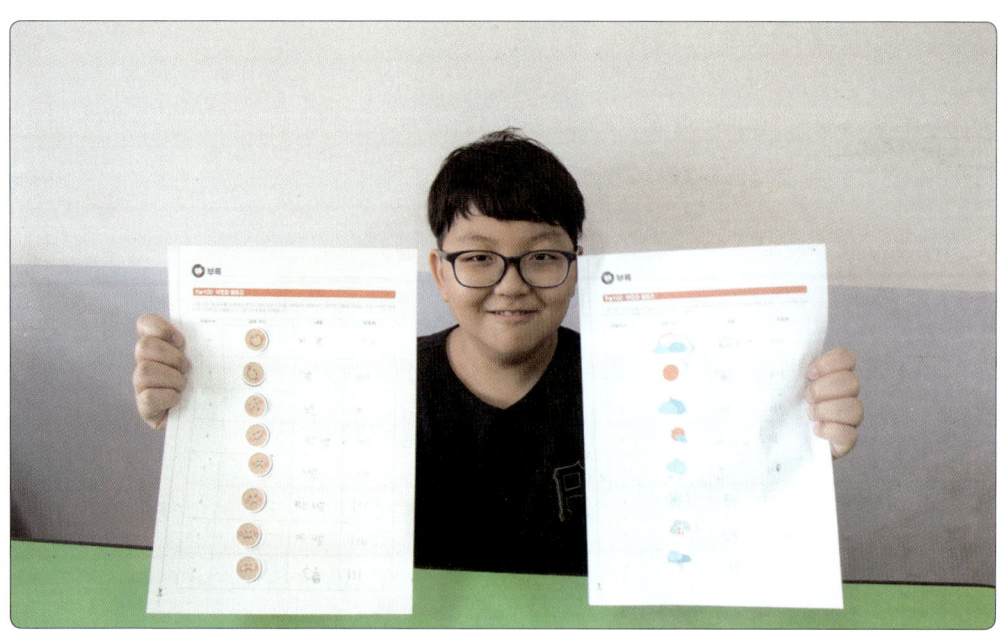

소프트웨어 놀이를 준비해요!

○ **놀이 목표**
추상적인 정보를 부호화하기

○ **놀이 약속**
컴퓨터는 그림이나 문자 등의 정보를 모두 0과 1로 바꿔서 저장하고, 전송한다는 것 기억하기

○ **수업 활동**
5-2 과학 2. 날씨와 우리 생활
6-1 3. 주제를 살려서

추상적 정보의 부호화

이 놀이는
컴퓨터가 추상적인 정보마저도 이를 0과 1로 수치화하여 정보를 처리한다는 것을 알기 위한 놀이에요! 마음의 상태, 날씨와 같은 추상적인 정보를 어떻게 부호화시키는지 확인해봅니다.

언플러그드 SW 놀이를 시작해요!

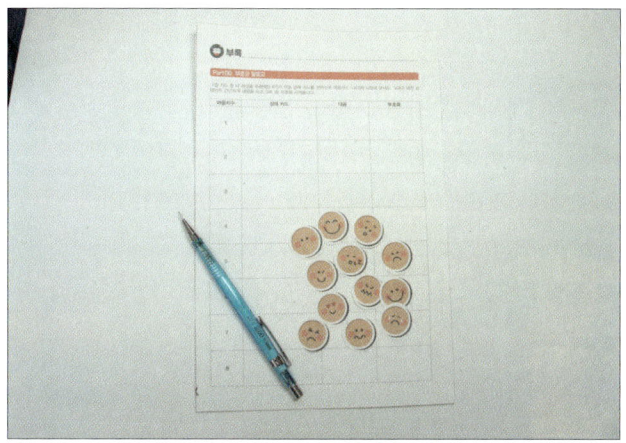

❶ '내 마음을 표현해!' 놀이를 준비합니다.

❷ 부록에 있는 마음 상태 카드 중에서 내 마음을 대표할 수 있는 8가지의 마음 상태를 뽑아봅니다.

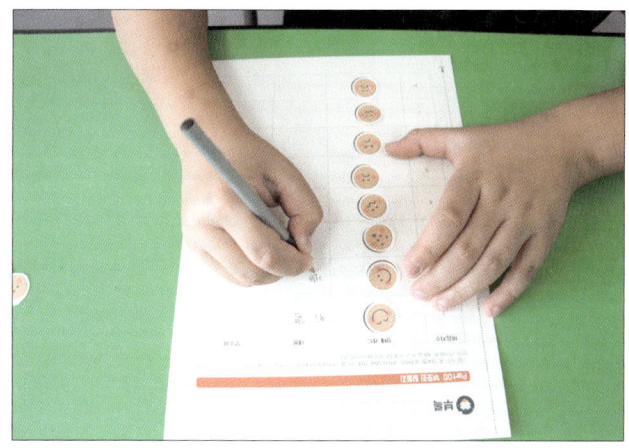

❸ 8장의 카드를 자신이 생각하는 마음 지수에 따라 1번에서 8번까지 일렬로 세워봅니다.

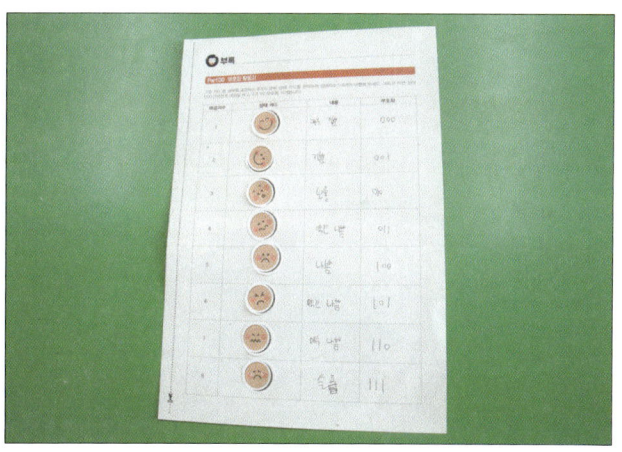

❹ 일렬로 세운 마음 카드 옆에 간단하게 마음 상태를 적고, 0과 1만을 사용해 세 자릿수로 각각을 부호화하여 표현해봅니다!

놀이 tip

마음의 상태라는 추상적인 정보를 컴퓨터가 어떻게 처리하는지를 알도록 해주어야 해요! 예를 들어, 마음 지수 1인 마음 상태가 행복함이라면 이를 000으로 마음 지수 8인 마음 상태가 우울함이라면 이를 110이라는 3비트짜리 정보량으로 각각 간단하게 표현할 수 있는 것이지요.

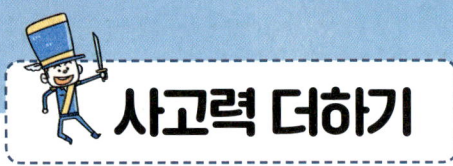

사고력 더하기

❶ 날씨 상태를 나타내는 그림 카드를 앞의 놀이처럼 부호화할 수 있습니다.

❷ 날씨의 상태를 1에서 8까지 나열한 뒤에 날씨의 상태를 간단하게 적고 이를 0과 1로 부호화해보세요.

알고 보면 더 재미있는 픽토그램!

픽토그램이란, 무언가 중요한 사항이나 장소를 알리기 위해 어떤 사람이 보더라도 같은 의미로 통할 수 있는 그림으로 된 언어체계를 뜻합니다. 특히 언어의 차이로 소통에 불편함이 있는 외국인들을 위해 사용되는 경우가 많기 때문에 외국인의 출입이 많은 공항이나 유명 관광지 등에서 널리 활용되고 있습니다.

픽토그램의 목적이 어떠한 장소나 의미를 담은 그림문자를 통해 그곳의 문자와 언어를 모르더라도, 모든 사람이 알아볼 수 있게 하는 것에 있기 때문에, 몇몇 픽토그램은 국제 규격으로 정해져 있기도 합니다.

이런 픽토그램 역시 추상적 정보를 부호화한 것이라 볼 수 있습니다. 이는 누구나가 알아볼 수 있는 핵심적인 요소만을 추출한 추상화 사고 과정을 통해 나온 결과물입니다.

내겐 가장 무거운 지우개

SECTION 04

다양한 모양과 크기를 가진 지우개가 있습니다.
어떤 지우개가 가장 무거운지 순서를 정해봅니다.

- 난이도 : ★★★
- 소요시간 : 20분
- 준비물 : 다양한 모양과 크기의 지우개 4개, 양팔저울
- 놀이인원 : 1인 이상

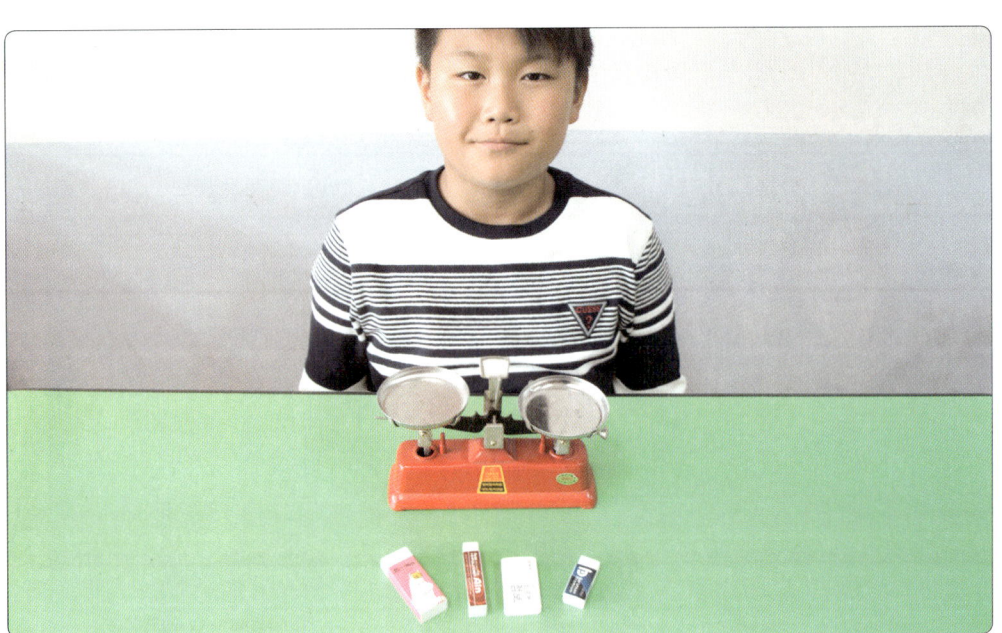

소프트웨어 놀이를 준비해요!

○ 놀이 목표
양팔저울로 선택 정렬 방법 이해하기

○ 놀이 약속
각기 다른 무게를 가진 지우개 준비하기

○ 수업 활동
4-1 수학 1. 무게재기   4-2 수학 6. 규칙과 대응

선택 정렬

이 놀이는
다양한 무게의 지우개를 정해진 규칙에 따라 양팔저울에 달아서 무게 순서대로 정렬하는 놀이입니다. 정렬의 방법에는 여러 가지가 있지만 여기서는 '선택 정렬'의 방법으로 문제를 해결해보도록 합니다.

언플러그드 SW 놀이를 시작해요!

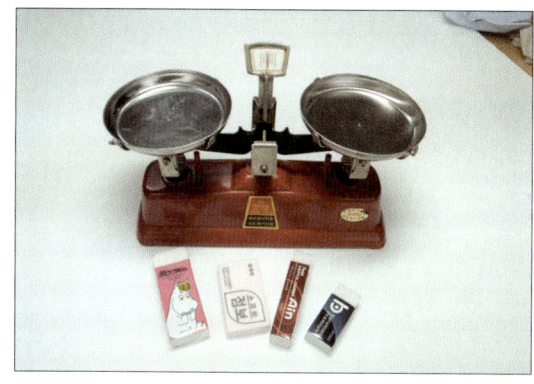

❶ 선택 정렬 놀이를 준비합니다.

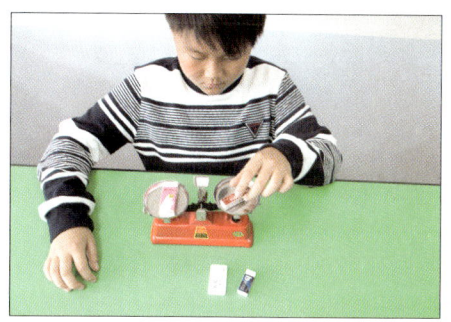
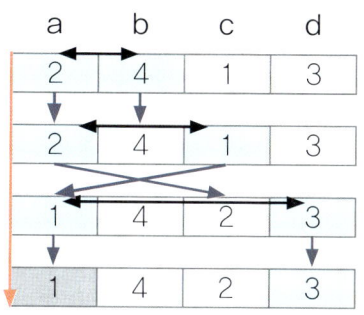

❷ 4개의 지우개 중 제일 왼쪽을 기준으로 정하고 바로 옆 지우개들과 순서대로 기준과 비교해서 무게가 덜 나가는 지우개를 왼쪽으로 보냅니다.

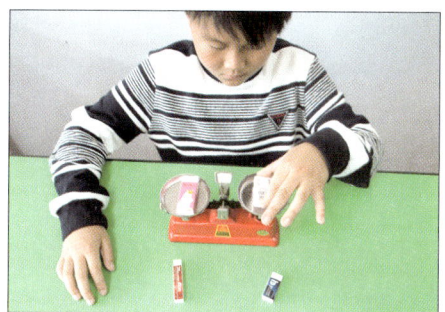

❸ 이번에는 2번째 지우개를 기준으로 정하고 마찬가지로 바로 옆 지우개들과 순서대로 무게를 비교해서 역시 무게가 덜 나가는 지우개를 왼쪽으로 보냅니다.

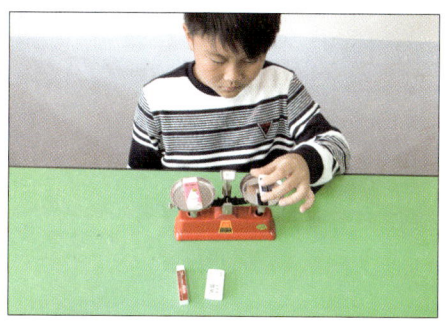

❹ 이번에는 3번째 지우개를 기준으로 정하고 마찬가지로 바로 옆 지우개와 무게를 비교해서 역시 무게가 덜 나가는 지우개를 왼쪽으로 보냅니다.

놀이 tip

앞에서 안내된 규칙에 따라 지우개를 정렬하는 것이 중요합니다. 지우개를 무게 순서대로 정하는 많은 방법이 있지만 우리는 '선택 정렬'의 방법으로 무게의 순서를 정렬했기 때문이지요.

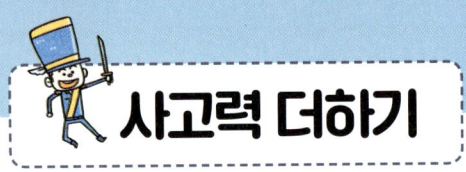

❶ 다른 물건을 가지고 앞에서 했던 것과 같은 방법으로 게임을 해봅니다!

❷ 제대로 정렬되었나요? 이 방법으로 여러 가지 물건을 정렬할 수 있습니다.

포크 댄스 영상으로 선택 정렬을 이해해요!

포크 댄스를 춰본 적이 있나요? 포크 댄스(Folk Dance)란 민속 무용 또는 향토 무용을 말합니다. 즉, 자기 나라 또는 지역에서 오래 전부터 전해내려 오는 독특한 춤을 의미합니다. 보통은 서로 짝을 바꿔가면서 같은 동작을 반복해서 추기 때문에 배우기도 쉽고 재미있지요.

그런데 여기 포크 댄스 영상으로 정렬에 대해 이해할 수 있다고 합니다. 포크 댄스로 정렬을 이해한다니... 무슨 말이냐고요?

https://www.youtube.com/user/AlgoRythmics에 올라온 영상을 한 번 감상해보세요. 짝을 바꾸는 방법에 정렬 알고리즘을 적용해서 춤을 춘답니다. 앞에서 배운 선택 정렬을 비롯해서 버블 정렬, 삽입 정렬 등의 방법을 이 영상을 통해 쉽게 이해할 수 있지요!

줄 서는 병정들

SECTION 05

휴지심으로 만든 병정들을 무작위로 세워 놓고,
구령에 맞춰 번호 순으로 정렬하는 놀이를 해봅니다.

수업길잡이

- 난이도 : ★★★
- 소요시간 : 20분
- 준비물 : 휴지심으로 만든 병정 4개 이상, 줄 서기 판(부록 24)
- 놀이인원 : 1인 이상

소프트웨어 놀이를 준비해요!

○ **놀이 목표**
휴지심 병정놀이로 버블 정렬 방법 이해하기

○ **놀이 약속**
앞의 정렬 놀이 규칙과 어떻게 다른지 생각하기

○ **수업 활동**
4-2 수학 6. 규칙과 대응

버블 정렬

이 놀이는
장난감 병정을 순서대로 줄 세우는 방법을 익히는 놀이입니다. 사람은 적혀진 숫자만 보고 바로 줄 세우기가 가능하지만 컴퓨터는 어떤 규칙에 따라 줄을 세울 것인지 정확하게 알려줘야 합니다. 여기서는 줄을 세우는 규칙 중 하나인 버블 정렬 방법을 익혀보겠습니다.

언플러그드 SW 놀이를 시작해요!

❶ 버블 정렬 놀이를 준비합니다.

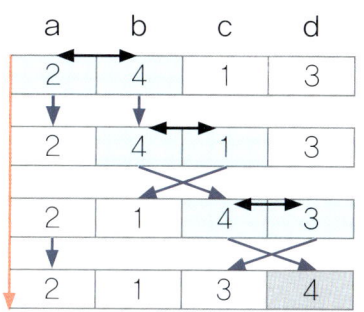

❷ 무작위로 서있는 병정들 중에서 제일 왼쪽에 있는 병정과 그 옆에 있는 병정의 몸에 적힌 숫자를 비교한 다음 작은 수가 왼쪽으로 오도록 합니다.

❸ 한 번 정렬이 끝났으면 다시 처음으로 돌아와서 제일 왼쪽에 있는 병정과 그 옆에 있는 병정의 몸에 적힌 숫자를 비교합니다. ❷의 방법과 똑같이 다시 정렬합니다.

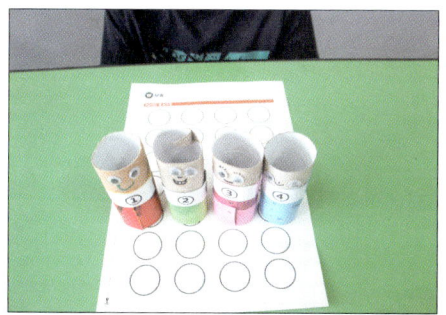

❹ 다시 한 번 왼쪽의 숫자를 기준으로 인접한 숫자와 비교하여 정렬합니다.

 놀이 tip

미리 휴지심으로 병정을 만들어 놓거나 집에 있는 인형에 번호를 붙여서 놀이에 활용해도 좋습니다! 장난감도 만들고 버블 정렬도 배우고 일석이조가 따로 없겠죠?

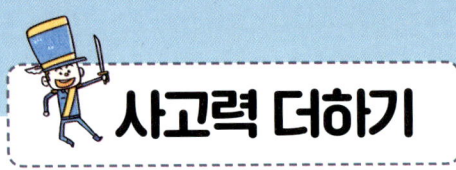 사고력 더하기

❶ 다른 물건을 가지고 앞에서 했던 것과 같은 방법으로 게임을 해봅니다!

❷ 제대로 정렬되었나요? 이 방법으로 여러 가지 물건을 정렬할 수 있습니다.

버블 정렬의 방법으로 자리 바꾸기를 해보세요!

반 아이들과 둥글게 모여 앉아 버블 정렬의 방법으로 자리 배치를 새로 해보는 것은 어떨까요? 숫자 옷을 입은 친구들은 둥글게 무작위로 앉습니다. 기준이 되는 친구가 바로 옆 친구와 자신의 숫자와 비교하여 작은 수가 왼쪽에 앉으면서 계속해서 자리를 바꿔갑니다. 신나는 음악을 틀어놓고 빠른 속도로 숫자를 비교해서 자리 배치를 새로 해보는 버블 정렬 자리 바꾸기 놀이도 재미있겠지요?

❶ 8을 기준으로 8과 32를 비교, 8이 더 작으므로 그대로 있기
❷ 32와 14를 비교, 14가 더 작으므로 자리를 바꿔야 함
❸ 14와 32가 자리를 바꿔, 8, 14, 32 순으로 정렬하기
❹ 이런 방법으로 끝까지 정렬 완료하기

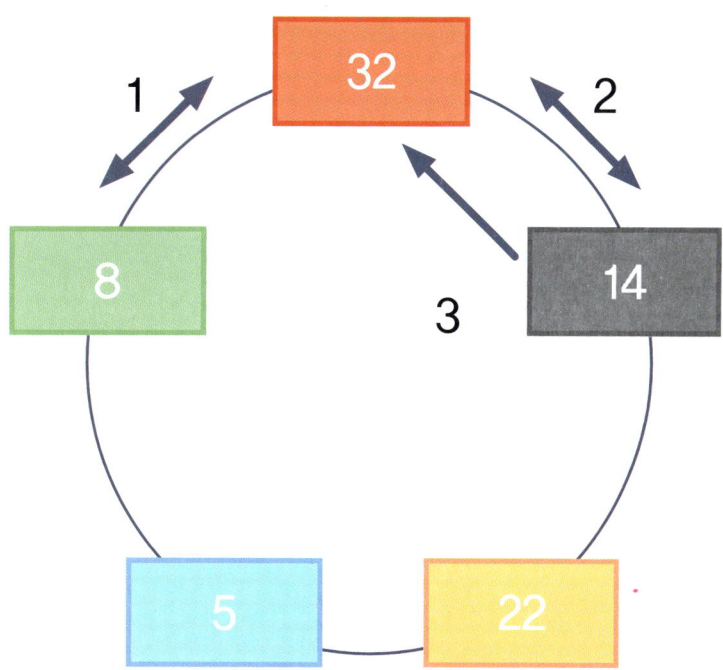

SECTION 06 프랙털 카드 만들기

크리스마스 입체 카드를 만들어본 적이 있나요?
작게 반복되는 모양이 전체의 모양과 닮은 프랙털 카드를 만들어 봅니다.

수업길잡이

- 난이도 : ★★★
- 소요시간 : 30분
- 준비물 : 색종이 여러 장, 가위, 풀
- 놀이인원 : 1인 이상

소프트웨어 놀이를 준비해요!

- **놀이 목표**
  입체 카드 만들기로 프랙털의 개념 이해하기

- **놀이 약속**
  가위를 사용할 때 손 다치지 않게 조심하기

- **수업 활동**
  6-1 미술 01. 생활 속의 미술   6-2 수학 01. 쌓기 나무

재귀

이 놀이는
일부 작은 조각이 전체와 비슷한 기하학적 모양이 반복되는 프랙털 카드 만들기를 통해 반복되는 패턴과 재귀에 대해 이해하는 놀이입니다. 재귀란 자기 자신을 다시 참고한다는 의미랍니다. 이해하기가 어렵다고요? 프랙털 카드를 직접 만들다보면 쉽게 이해할 수 있습니다. 한 번 도전해볼까요?

언플러그드 SW 놀이를 시작해요!

❶ 프랙털 카드 만들기 놀이를 준비합니다.

❷ 속지로 사용할 색종이 1장을 위의 그림처럼 반으로 접으세요.

❸ 색종이의 반 정도의 높이로 가로를 3등분으로 나눌 수 있게 자릅니다.

❹ 위의 그림처럼 가운데 부분을 안쪽으로 접어서 올린 뒤 펼쳐봅니다.

놀이 tip

3등분 지점에 정확하게 칼집을 내고 안쪽으로 접을 부분을 잘 접어야 모양이 예쁘게 잘 나온답니다.

❺ 다시 색종이를 접은 뒤 위의 그림처럼 접은 선의 3등분 지점에서 앞에서 했던 것처럼 각각 자릅니다. 그리고 가운데 부분을 접은 후 펴서 다시 안쪽으로 접어 올립니다.

❻ 펼치면 위의 그림처럼 됩니다.

❼ 이런 과정을 계속 반복합니다.

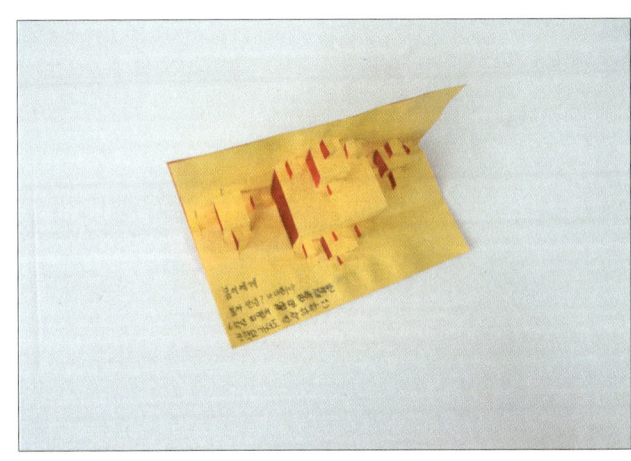

❽ 겉 종이를 반으로 접은 후 ❼에서 완성한 속지를 붙여서 카드를 완성합니다.

생활 속에서 찾은 프랙털 원리!

고사리의 잎을 자세히 본 적이 있나요? 작은 조각 일부가 모여 전체와 비슷한 모양을 이루고 있음을 볼 수 있습니다. 이처럼 전체에 속한 일부분이 전체와 닮아 있을 경우를 프랙털이라고 합니다.[1] 다시 말해 자기 유사성을 갖는 기하학적 구조를 프랙털 구조라고 하는 것이죠. 이런 프랙털 구조는 자연물에서 뿐만 아니라 수학적 분석, 생태학적 계산, 위상 공간에 나타나는 운동모형 등 곳곳에서 발견되는 자연이 가지는 기본적인 구조라고 볼 수 있습니다.

이런 프랙털 구조를 이용해 디자인에 적용하면 멋진 프랙털 시각예술이 되기도 합니다. 프랙털 디자인은 포토샵이나 일러스트 같은 컴퓨터 그래픽 툴로 만들 수 있습니다. 그래픽 툴로 프랙털 디자인을 만드는 방법은 기본 형태를 복사해서 크기를 점점 줄이거나, 점점 늘리면서 반복해서 확장시키는 것이죠. 한 번 도전해 보는 건 어떨까요?

[1] HTTPS://KO.WIKIPEDIA.ORG/WIKI/%ED%94%84%EB%9E%99%ED%84%B8, 위키백과

오토마타, 빨대 목마 만들기

SECTION 07

빙글빙글 돌아가면서 위아래로 움직이는 회전목마를 본 적이 있지요?
이 회전목마들은 어떻게 위아래로 자동으로 움직이는 걸까요? 빨대 목마를 만들어 그 원리를 알아봅시다.

 **수업길잡이**

- 난이도 : ★★★
- 소요시간 : 40분
- 준비물 : 주름 빨대, 가위, 테이프, 목마 그림 카드(부록 25), 연결 막대(부록 26)
- 놀이인원 : 1인 이상

소프트웨어 놀이를 준비해요!

○ **놀이 목표**
빨대 목마 만들기로 오토마타의 개념 이해하기

○ **놀이 약속**
가위를 사용할 때 손 다치지 않게 조심하기

○ **수업 활동**
6-2 미술 05. 조형요소와 원리

오토마타

이 놀이는
빨대로 움직이는 목마를 만들어보면서 오토마타의 개념을 이해하는 놀이입니다. 오토마타는 스스로 작동하는 기계를 뜻합니다. 특히 인간의 지속적인 조정이 없이도 스스로 움직이는 자동 로봇을 뜻하는 말로도 사용되지요. 한 번 만들어 볼까요?

언플러그드 SW 놀이를 시작해요!

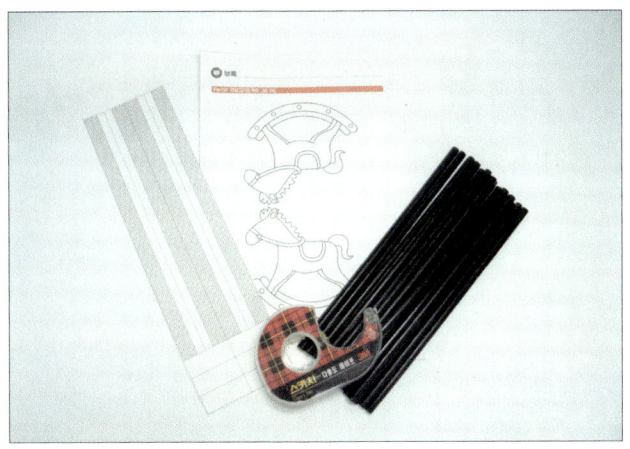

❶ 움직이는 빨대 목마 만들기 놀이를 준비합니다.

❷ 위의 그림처럼 정육면체의 형태로 빨대를 테이프로 연결합니다.

❸ 윗면 부분에는 회전목마가 빠지지 않도록 받쳐 줄 거치대를 만듭니다.

❹ 오른쪽과 왼쪽면 부분에는 회전목마를 돌릴 손잡이를 받쳐 줄 거치대를 각각 만들어 줍니다.

❺ 회전목마를 돌릴 손잡이를 주름 빨대를 이용해 만들어 줍니다. 주름 빨대를 약 6cm 정도 되도록 2개 자른 다음 반대 방향으로 서로 연결하면 한쪽 손잡이가 됩니다.

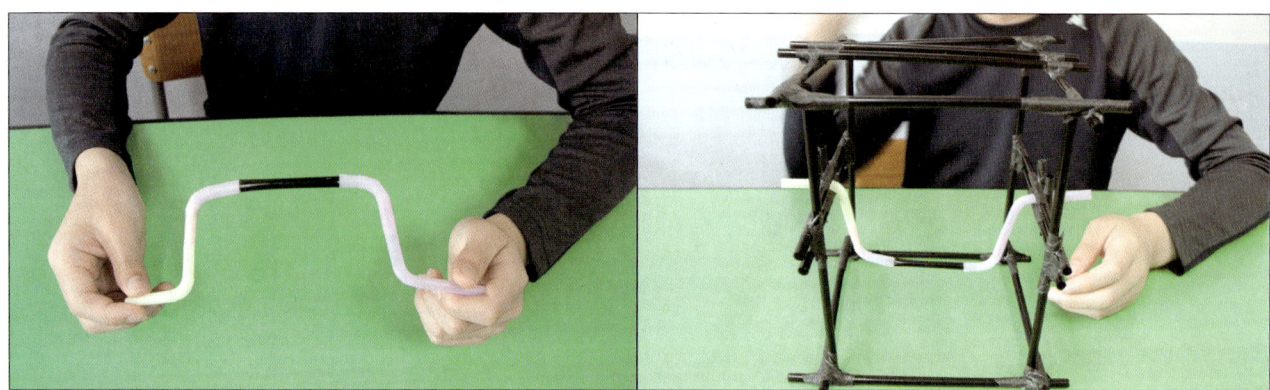

❻ 위에서 만든 손잡이 2개를 약 5cm 정도 되는 빨대로 연결하면 회전목마를 돌릴 손잡이가 완성됩니다. 이 손잡이를 여러분이 만든 정육면체 회전목마 통의 거치대에 걸쳐본 후 양쪽 빨대의 길이를 적당하게 잘라 잘 돌아갈 수 있도록 해줍니다.

❼ 부록에서 목마 그림 카드와 연결 막대를 각각 오립니다. 연결 막대 속에는 빨대를 넣어서 테이프로 붙여줍니다.

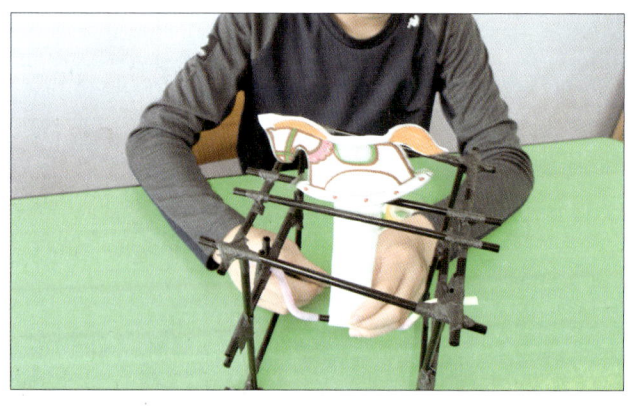

❽ 회전목마를 붙인 연결 막대 끝부분을 빨대를 둥글게 감싸듯 말아준 후 테이프로 고정시켜 줍니다.

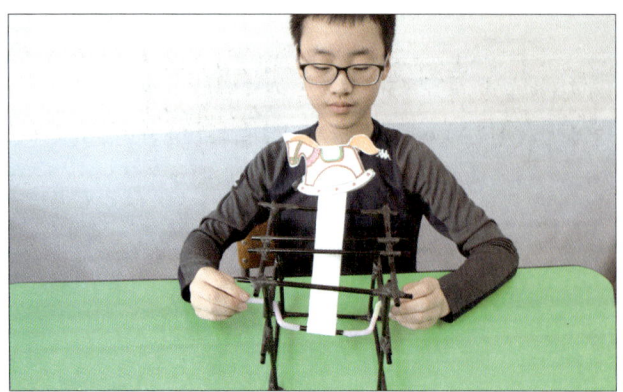

❾ 완성했으면 손잡이를 돌려보세요. 목마가 위아래로 움직이는 모습이 보이나요?

놀이 tip

손잡이를 만들 때 전체 회전목마 통 너비에 딱 맞도록 만드는 것이 중요합니다. 너무 크면 잘 돌아가지 않고 너무 작으면 걸쳐지지 않기 때문에 주름 빨대를 처음에 자를 때 조금 길게 하여 만들고, 양쪽 길이를 적절하게 잘라내어 크기를 맞추도록 하세요.

오토마타의 세계! 일본의 카라쿠리 인형

카라쿠리는 18~19세기경 서양에서 태엽시계가 처음 들어왔을 때 그 정교함에 경탄한 일본인들이 태엽과 톱니바퀴의 이치를 통달하고 나서 만든 인형입니다. 찻잔을 나르거나 붓글씨를 쓰고, 활까지 쏘는 카라쿠리 인형이 있을 정도로 정교하게 잘 만들었다고 합니다.

카라쿠리 인형의 종류에는 크게 세 종류가 있는데, 무대에서 쓰는 무대 카라쿠리, 집에서 쓰는 다다미 카라쿠리, 축제 때 쓰는 산거 카라쿠리가 그것입니다. 흔히 '꼭두각시'로 번역하기도 하는데 '누군가가 조종해야만 움직이는' 꼭두각시와 달리 카라쿠리는 '자동 인형' 정도로 번역하는 것이 맞습니다. 이런 멋진 카라쿠리 인형을 눈앞에서 본다면 정말 신나겠죠?

SECTION 08

VR? 가상현실 속으로

우주 속으로 날아가 본 적이 있나요? 상상만 해도 즐겁다고요?
VR 안경을 쓰고 가상의 현실 속으로 들어가 보면 어떨까요?

- 난이도 : ★★☆
- 소요시간 : 30분
- 준비물 : VR 안경(부록 27), 도면, 그림 카드, 풀, 가위, 테이프
- 놀이인원 : 1인 이상

🔸 소프트웨어 놀이를 준비해요!

○ **놀이 목표**
VR 안경 만들기로 가상현실에 대해 이해하기

○ **놀이 약속**
앞이 안보일 수 있으므로 넘어지지 않도록 조심하기

○ **수업 활동**
<mark>6-2 미술</mark> 6. 다양한 표현 방법으로

이 놀이는
VR 안경을 만들어 가상현실의 개념을 알아가는 놀이에요. 가상현실은 어떤 특정한 환경이나 상황을 컴퓨터로 만들어서 그것을 사용하는 사람이 마치 실제 그 세계 안에 존재하는 것처럼 느낄 수 있게 합니다. 그림으로 그린 가상현실이지만 VR 안경을 쓰고 우주 공간에 있다고 상상해보면 어떨까요?

언플러그드 SW 놀이를 시작해요!

❶ VR 안경 만들기 놀이를 준비합니다.

❷ 부록에 있는 안경 도면을 오립니다.

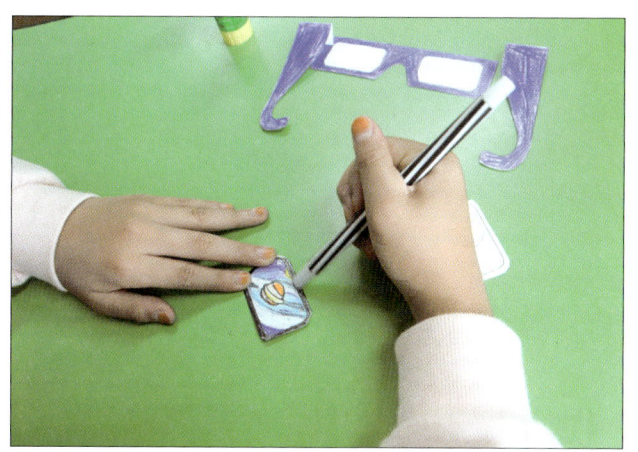

❸ 예시 그림 카드를 참고하여 내가 생각하는 우주의 모습을 그림 카드 앞뒤에 똑같이 그려봅니다.

❹ 그림 카드를 안경에 끼우고 안경을 직접 착용해봅니다.

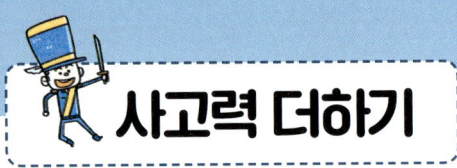

사고력 더하기

❶ 우주의 모습이 아니어도 좋아요! 내가 가고 싶은 가상 세계를 그려보세요!

❷ 다 완성했으면 VR 안경을 착용하고 마치 그 곳에 있는 것처럼 상상해보세요!

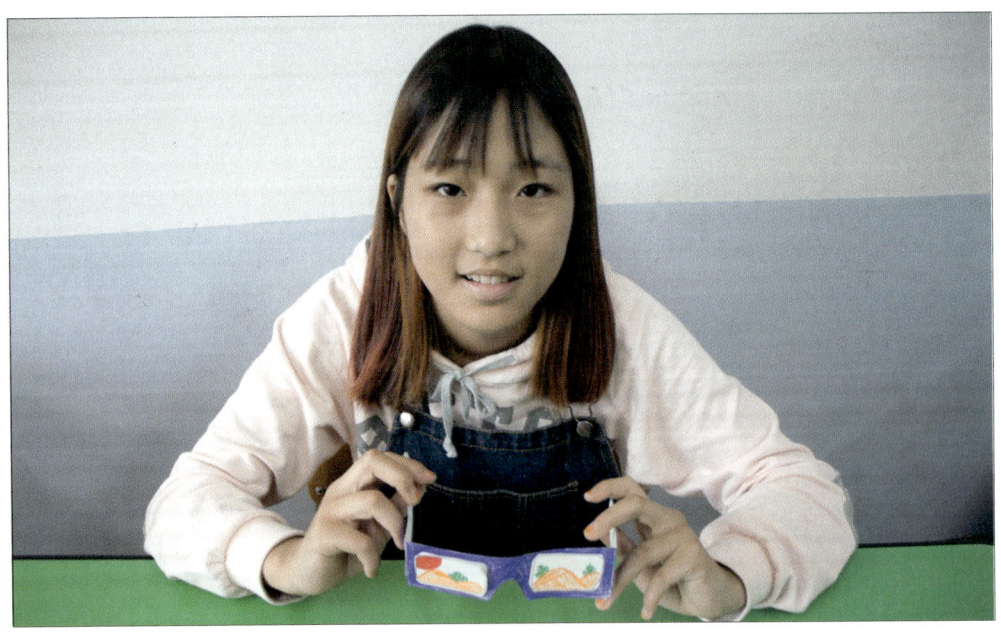

VR로 재난 상황을 체험해 봐요!

영화 속 주인공들이 큰 안경을 끼고, 손을 허공에 휘젓는 모습을 본 적이 있나요? 이처럼 특수한 안경과 장갑을 사용하여 인간의 시각, 청각 등 감각을 통해 컴퓨터의 소프트웨어 프로그램 내부에서 가능한 것을 현실인 것처럼 유사 체험하게 하는 것을 가상현실, 즉 VR(Virtual Reality)[1]이라고 합니다. 말 그대로 현실이 아닌 세계를 뜻하죠.

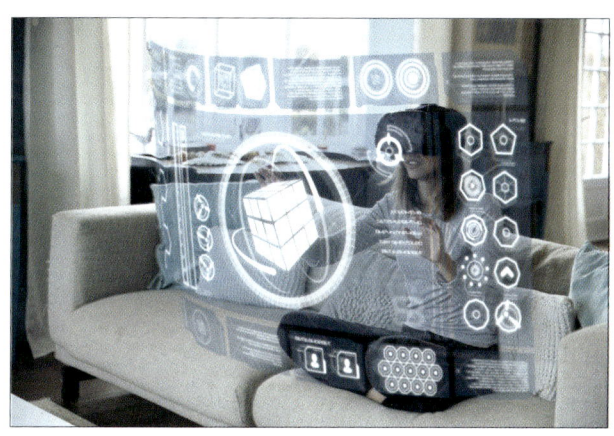

아마도 여러분들은 학교나 가정에서 어른들께 재난 상황이 발생했을 때 어떻게 해야 한다는 안전 교육을 받은 적이 있을 겁니다. 하지만 실제로 화재나 지진, 홍수와 같은 재난 상황이 발생한다면, 안전 교육 때 배웠던 내용들이 잘 떠오를까요?

만약에 재난 상황이 발생했을 때 어떻게 해야 하는지 말로만 듣거나 영상으로 보는 것보다 직접 체험해 본다면 진짜 재난 상황이 일어나도 잘 대처할 수 있을 겁니다. 일본에서는 VR 체험장에서 가상현실 체험기기를 통해 실제 재난 상황을 체험하고 어떻게 대처해야 하는지를 배운다고 합니다. 우리도 이렇게 배울 수 있다면 실제 재난 상황에서도 안전하게 대피할 수 있지 않을까요?

우리나라에도 이와 비슷한 VR 체험장이 생겨나고 있다고 하니, 부모님과 한 번 꼭 가보는 것은 어떨까요?

---

[1] [네이버 지식백과] 가상 현실 [virtual reality] (컴퓨터인터넷IT용어대사전, 2011. 1. 20., 일진사)

SECTION 09

AR? 증강현실 속으로

이번에는 가상현실이 아닌 증강현실 속으로 가봅니다.
가상현실과 증강현실이 어떻게 다르냐고요? 다음 활동을 하면서 생각해보도록 하죠!

 **수업길잡이**

- 난이도 : ★★☆
- 소요시간 : 30분
- 준비물 : AR 안경(부록 28), 투명 필름지, 풀, 가위
- 놀이인원 : 1인 이상

🔺 소프트웨어 놀이를 준비해요!

○ **놀이 목표**
AR 안경 만들기로 증강현실에 대해 이해하기

○ **놀이 약속**
VR 안경 만들기를 먼저 했다면 그때 만든 안경을 찾아 활용하기

○ **수업 활동**
6-2 미술 6. 다양한 표현 방법으로

 **증강현실**

이 놀이는
AR 안경을 만들어 증강현실의 개념을 알아가는 놀이입니다. 증강 현실은 현실 세계와 가상의 체험을 결합하는 기술을 의미합니다. 실제 환경에 가상 사물을 합성하여 원래의 환경에 존재하는 사물처럼 보이도록 하는 컴퓨터그래픽기법의 일종이지요. 자, 그럼 이번에는 증강현실 속으로 가볼까요?

언플러그드 SW 놀이를 시작해요!

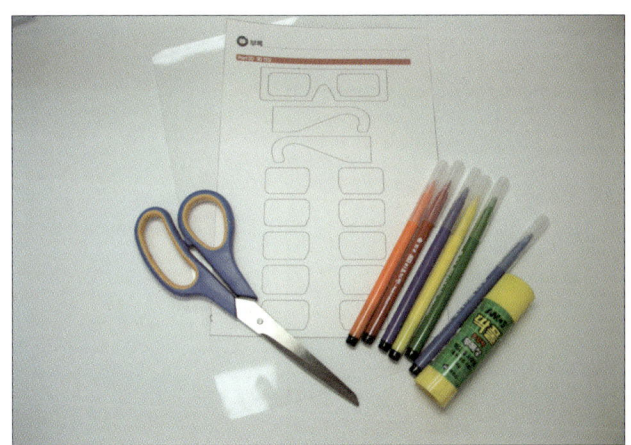

❶ AR 안경 만들기 놀이를 준비합니다.

❷ 가위로 부록에 있는 안경 도면을 오립니다. 앞의 VR 안경 만들기 활동을 먼저 했다면 안경을 그대로 사용해도 좋습니다.

❸ 예시 그림을 참고하여 투명 필름지에 게임 캐릭터나 만화 캐릭터를 그립니다.

❹ 투명 필름지를 안경에 끼우고 안경을 직접 착용해봅니다.

 놀이 tip

VR 안경에서는 그림 카드지에 그림을 그렸지만 여기서는 투명 필름지를 이용해요. 현실 세계에 가상의 사물만 덧입히기 위해서지요! 이를 통해서 가상현실과 증강현실의 차이를 생각해보도록 합니다.

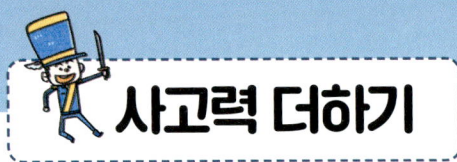 사고력 더하기

❶ 게임 캐릭터나 만화 캐릭터가 아니어도 좋아요! 현실 세계에 있으면 좋을 것 같은 것은 무엇일지 생각해봅니다.

❷ 다 완성했으면 AR 안경을 착용하고 마치 현실 세계에 자신이 창조한 것이 함께 있는 기분을 느껴보세요.

포켓몬 고! AR이 현실이 된 게임!

포켓몬 고(Pokémon Go) 게임에 대해 들어본 적이 있나요? 포켓몬 고 게임은 구글의 스타트업 컴퍼니로 시작해 독립한 나이앤틱(Niantic, Inc.)이 개발한 iOS 및 안드로이드용 증강현실 모바일 게임입니다. 게임을 하는 이용자의 현실 공간 위치에 따라 모바일 기기 상에 나타나는 가상의 포켓몬을 포획하고 훈련시켜, 대전을 하고 거래도 할 수 있는 것이 이 게임의 특징이죠.

아직 게임이 정식으로 출시되지 않은 한국에서도 강원도 속초 등 일부 지역에서 게임을 할 수 있다는 사실이 알려지면서 '포덕(포켓몬 마니아)'들이 이 지역으로 몰리고 있다고 합니다. 평일임에도 불구하고 속초행 고속버스는 대부분 매진되었을 정도로 말이죠. 이렇게 증강현실을 이용해 전 세계가 게임장이 되는 상상! 아니, 이제는 상상이 아니라 현실이 되었습니다. 여러분도 여러분만의 증강현실 게임을 한번 만들어 보면 어떨까요?

• 출처: https://ko.wikipedia.org/wiki/%ED%8F%AC%EC%BC%93%EB%AA%AC_%EA%B3%A0, 위키백과

적정기술, 와카워터 만들기

물이 부족한 아프리카에 설치된 와카워터에 대해 들어본 적이 있나요?
공기 중에서 물을 만들어낸다는 와카워터를 빨대로 만들어 봅시다.

수업길잡이

난이도 : ★★★
소요시간 : 60분
준비물 : 주름 빨대,
테이프, 가위
놀이인원 : 1인 이상

소프트웨어 놀이를 준비해요!

○ 놀이 목표
와카워터 만들기로 적정기술의 개념 이해하기

○ 놀이 약속
가위를 사용할 때 손 다치지 않게 조심하기

○ 수업 활동
6-2 미술 05. 조형요소와 원리　　　　6-2 수학 03. 원기둥, 원뿔, 구

적정기술

이 놀이는
공기 중에서 물을 만들어내는 와카워터를 만들어 볼 겁니다. 이 와카워터는 아프리카처럼 물 부족 문제로 고통받는 사람들을 위해 만들어진 아이디어입니다. 이처럼 문화나 정치, 환경적인 면들을 고려하여 만들어진 기술을 '적정기술' 이라 합니다. 빨대로 와카워터를 만들어보고, 적정기술에 대해서도 생각해봅시다.

언플러그드 SW 놀이를 시작해요!

❶ 와카워터 만들기 놀이를 준비합니다.

❷ 각 층을 연결해줄 연결고리를 만들어야 합니다. 빨대에 주름이 있는 부분을 길이 약 4cm 정도 되도록 잘라 구부린 후 사진처럼 모양을 만든 후 테이프로 고정시켜 줍니다.

❸ 3cm 길이로 자른 빨대 8개를 8개의 연결고리로 각각 연결하여 왕관처럼 만듭니다. 마찬가지로 4cm, 5cm (2개), 6cm 빨대 8개를 연결고리로 각각 연결하여 총 5개의 왕관 모양을 만들어 줍니다. 각 부위는 테이프로 연결하면 간편합니다.

❹ 5개의 왕관 모양을 이제 10cm 빨대를 이용해 대각선으로 꽂아 각 층을 연결합니다. 제일 아래는 4cm의 왕관을 놓고 10cm 빨대를 대각선으로 꽂고, 5cm의 왕관을 연결하고 다시 10cm 빨대를 꽂습니다. 아래 층부터 4cm → 5cm → 6cm → 5cm → 3cm의 왕관을 놓고 사이사이에 10cm 빨대를 대각선으로 연결하는 것입니다.

❺ 마지막 3cm의 왕관 모양을 연결하고 나면 그 위에는 10cm 빨대가 아니라 3cm 빨대를 마지막으로 꽂아줍니다.

❻ 자, 완성된 와카워터의 모습이 보이나요? 빨대로 만든 와카워터와 실제 아프리카에 있는 와카워터를 비교해봅시다.

빨대를 연결고리와 연결할 때 깔끔하게 보이려면 고무찰흙을 이용해 연결하거나 글루건을 사용해도 좋습니다. 여기서는 간편하게 작업하기 위해 테이프를 사용한 것입니다.

와카워터의 원리

와카워터, 말이 조금 어렵지요? 설치미술 같기도 한 와카워터는 2012년에 개발된 약 9미터 높이의 거대한 꽃병 모양 탑입니다. 와카워터가 공기 중에서 물을 만들어내는 원리는 아주 간단합니다. 낮과 밤의 기온 차이가 커지면 풀잎에 이슬이 맺히는 것을 볼 수 있습니다. 이렇게 이슬이 맺히는 원리를 이용해 공기에서 물을 얻는 기술이라고 할 수 있지요. 특히 사하라 이남 지역은 일교차가 매우 크기 때문에 충분한 양의 이슬을 모을 수 있다고 합니다.

와카워터는 가볍고 탄력이 있는 골풀 줄기를 엮어서 형태를 만들고, 안에는 청사초롱을 연상시키는 나일론이나 폴리프로필렌 메시 그물을 매달아 둡니다. 골풀을 엮는 패턴은 강한 바람이 불어도 공기가 통과해 안정적으로 버틸 수 있도록 설계됩니다. 꽃병 형태의 커브와 그물의 형태는 이슬을 모으기 위해 정교하게 설계된 것으로, 차가운 공기가 모이면서 맺힌 이슬은 아래로 흘러내려 탑 아래쪽 물통으로 모이는 것이지요. 사람들은 아래쪽에서 수도꼭지를 열고 물을 받아 가면 됩니다.

• 출처: http://www.architectureandvision.com/

혼자서도 할 수 있는 소프트웨어 교육 정보

▶▶▶ Code.org

앵그리버드를 좋아하나요? 겨울 왕국의 엘사는 어때요? code.org에서는 만화 영화의 주인공들과 함께 미션을 해결하며 프로그래밍을 배울 수 있어요. 화난 앵그리버드가 나쁜 돼지를 잡도록 도와주는 것이죠. 그 외에도 이 사이트에는 어린 친구들부터 어른들까지 할 수 있는 많은 단계의 다양한 활동들이 있습니다. 하나씩 해결하다 보면 어느새 프로그래밍 실력이 늘어날 거예요.

▶▶▶ Lightbot.com

불 밝히는 로봇이라고 들어 보았나요? lightbot.com에 등장하는 로봇은 타일에 불을 켜는 일을 하는 로봇입니다. 정해진 곳으로 가서 불을 밝히면 끝! 하지만 가는 길이 쉽지는 않아요. 최소한의 움직임으로 가되, 때에 따라서는 점프도 해야 하고, 똑같은 움직임을 반복도 해야 하니까요. 하지만 하나씩 해결하다 보면 역시 프로그래밍의 기초적인 원리를 배울 수 있을 겁니다.

▶▶▶ Playentry.org

playentry.org에도 로봇이 등장해요! 바로 엔트리봇이라는 로봇이지요. 이 곳에서는 앞에 소개된 사이트처럼 미션을 해결하면서 하나씩 프로그래밍의 원리를 배울 수도 있지만, 직접 여러분이 엔트리봇이 해야 할 일을 정해주고, 명령을 내릴 수도 있어요. 예를 들어, 엔트리봇에게 방을 만들어주고, 지저분한 쓰레기를 모두 청소할 수 있도록 할 수도 있고, 다른 로봇 친구들과 멋진 연주를 하게 할 수도 있어요. 어떻게 하냐고요? 여러 가지 블록들을 알맞게 조합하기만 하면 끝! 어때요? 한 번 도전해 보는 게 좋겠죠!

▶▶▶ Scratch.mit.edu

스크래치 역시 엔트리와 비슷해요. 스크래치에 있는 다양한 캐릭터들을 불러와서 '고양이 목에 방울 달기'와 같은 옛날 이야기나 여러분이 직접 생각한 새로운 이야기를 지을 수도 있고, 게임을 만들 수도 있어요. 블록을 가지고 와서 잘 조립하기만 하면 말이죠. 또 자신이 만든 작품을 홈페이지에 올려서 다른 친구들과 공유할 수도 있어요. 여러분 역시 다른 친구가 만든 프로젝트를 얼마든지 보고, 그 작품을 응용해 또다른 작품을 창작할 수도 있습니다.

부록

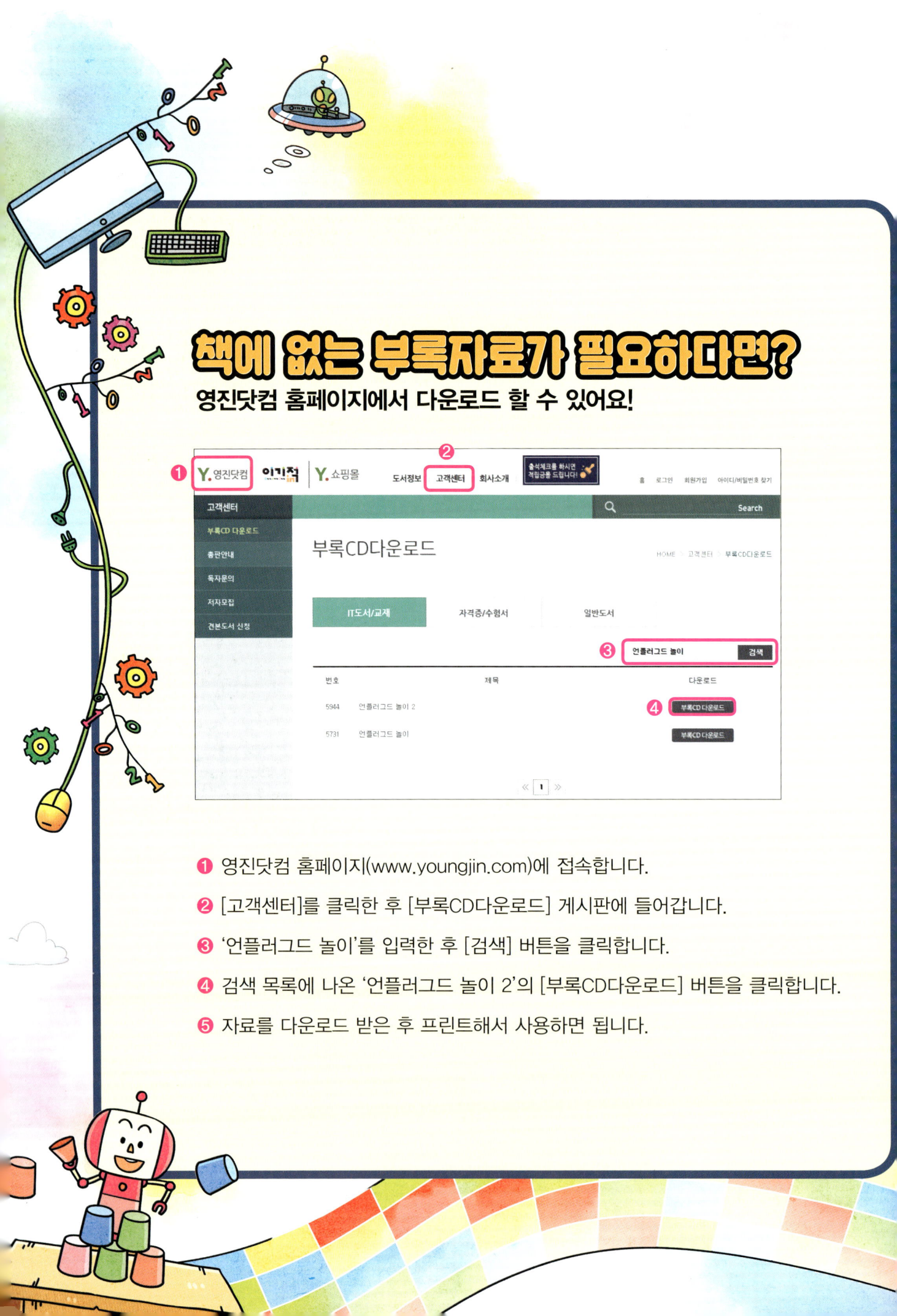

부록 1

선을 따라 오려서 사용하세요.

PART01-04 · 씨앗심기 카드

화분에 강낭콩을 심기 위한 재료를 준비한다.

망이나 작은 돌로 화분 바닥의 물 빠짐 구멍을 막는다.

씨 두께의 2~3배 깊이로 씨를 심고 흙을 덮는다.

물뿌리개로 물을 충분히 준다.

강낭콩을 물에 깨끗이 씻는다.

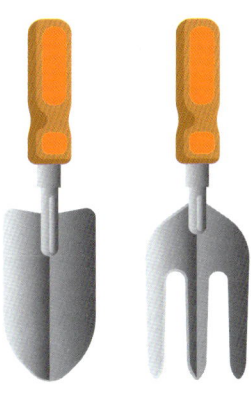

화단의 잡초를 없앤다.

 **부록 1**

선을 따라 오려서 사용하세요.

PART01-04 · 씨앗심기 카드

화분에 강낭콩을 심기 위한 재료를 준비한다.

망이나 작은 돌로 화분 바닥의 물 빠짐 구멍을 막는다.

씨 두께의 2~3배 깊이로 씨를 심고 흙을 덮는다.

물뿌리개로 물을 충분히 준다.

강낭콩을 물에 깨끗이 씻는다.

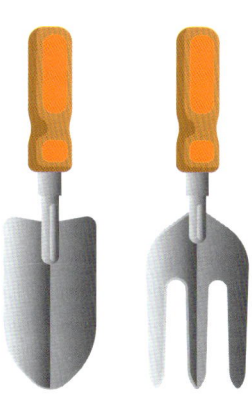

화단의 잡초를 없앤다.

부록 ❷

선을 따라 오려서 사용하세요.

PART01-04 · 씨앗심기 카드

팻말에 식물 이름, 심은 날짜, 심은 사람의 이름을 적는다.	화분에 거름흙을 3/4정도 넣는다.

 부록 ❸　　　　　　　　　　선을 따라 오려서 사용하세요.

PART 01-08 · 명령어 카드

 부록 ❹

선을 따라 오려서 사용하세요.

PART01-08 · 명령어 카드

 부록 5

선을 따라 오려서 사용하세요.

PART01-08 · 명령어 카드

바닥이 [노란색]	바닥이 [노란색]	바닥이 [노란색]		
바닥이 [파란색]	바닥이 [파란색]	바닥이 [파란색]		
바닥이 [　　]	바닥이 [　　]	바닥이 [　　]		
함수1 만들기 〈시작〉	함수1 만들기 〈시작〉	함수1 만들기 〈끝〉	함수1 만들기 〈끝〉	함수1 부르기
함수2 만들기 〈시작〉	함수2 만들기 〈시작〉	함수2 만들기 〈끝〉	함수2 만들기 〈끝〉	함수2 부르기
함수1 부르기	함수1 부르기	함수2 부르기	함수2 부르기	함수2 부르기
O	O	O	O	O
X	X	X	X	X

 **부록 6**

선을 따라 오려서 사용하세요.

PART01-08 · 미로판

PART01-09 · 미로판

선을 따라 오려서 사용하세요.

 선을 따라 오려서 사용하세요.

PART01-09 · 미로판

PART01-10 · 미로판

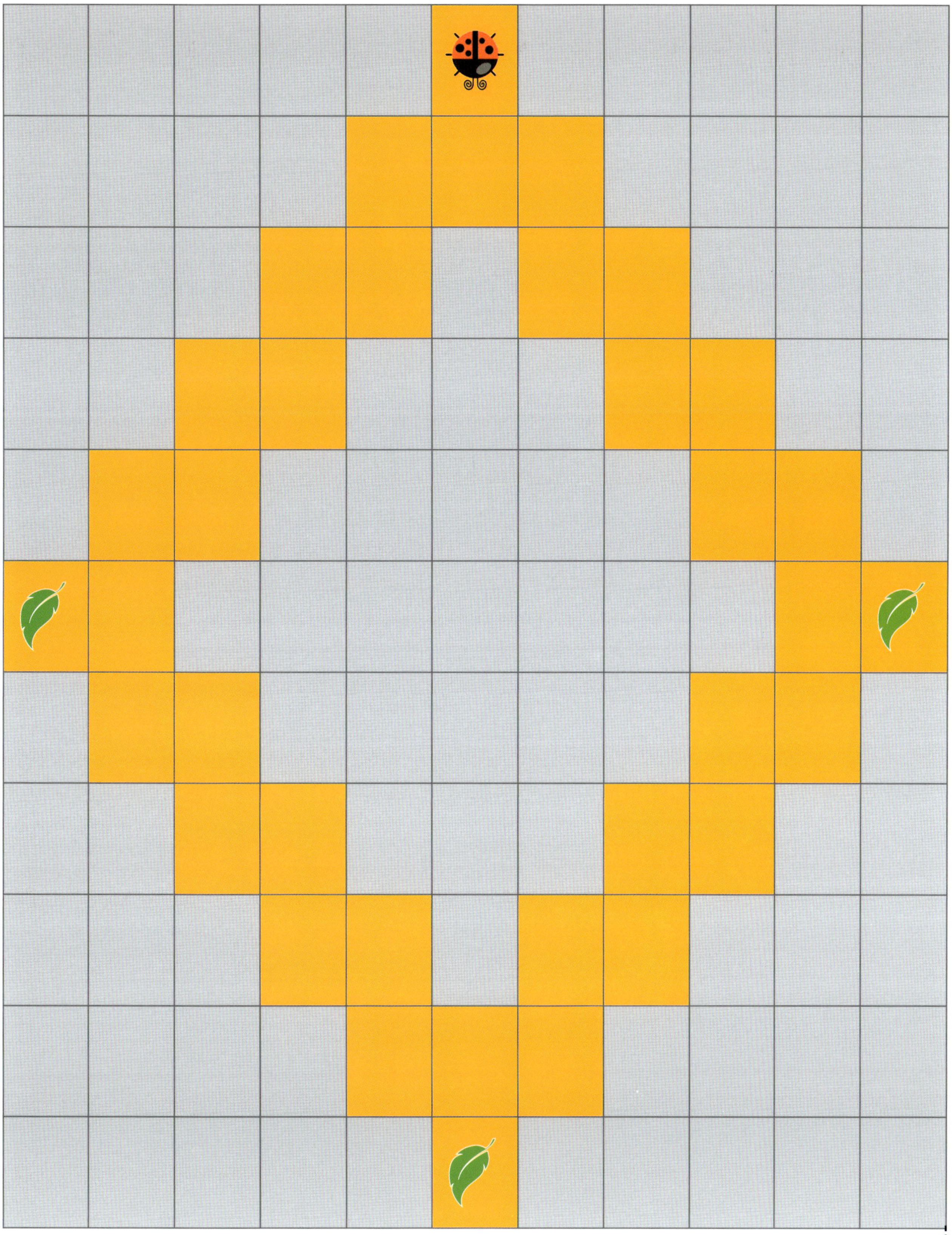

 부록 ⑩　　　　　　　　　　　선을 따라 오려서 사용하세요.

PART01-12 · 숫자 카드

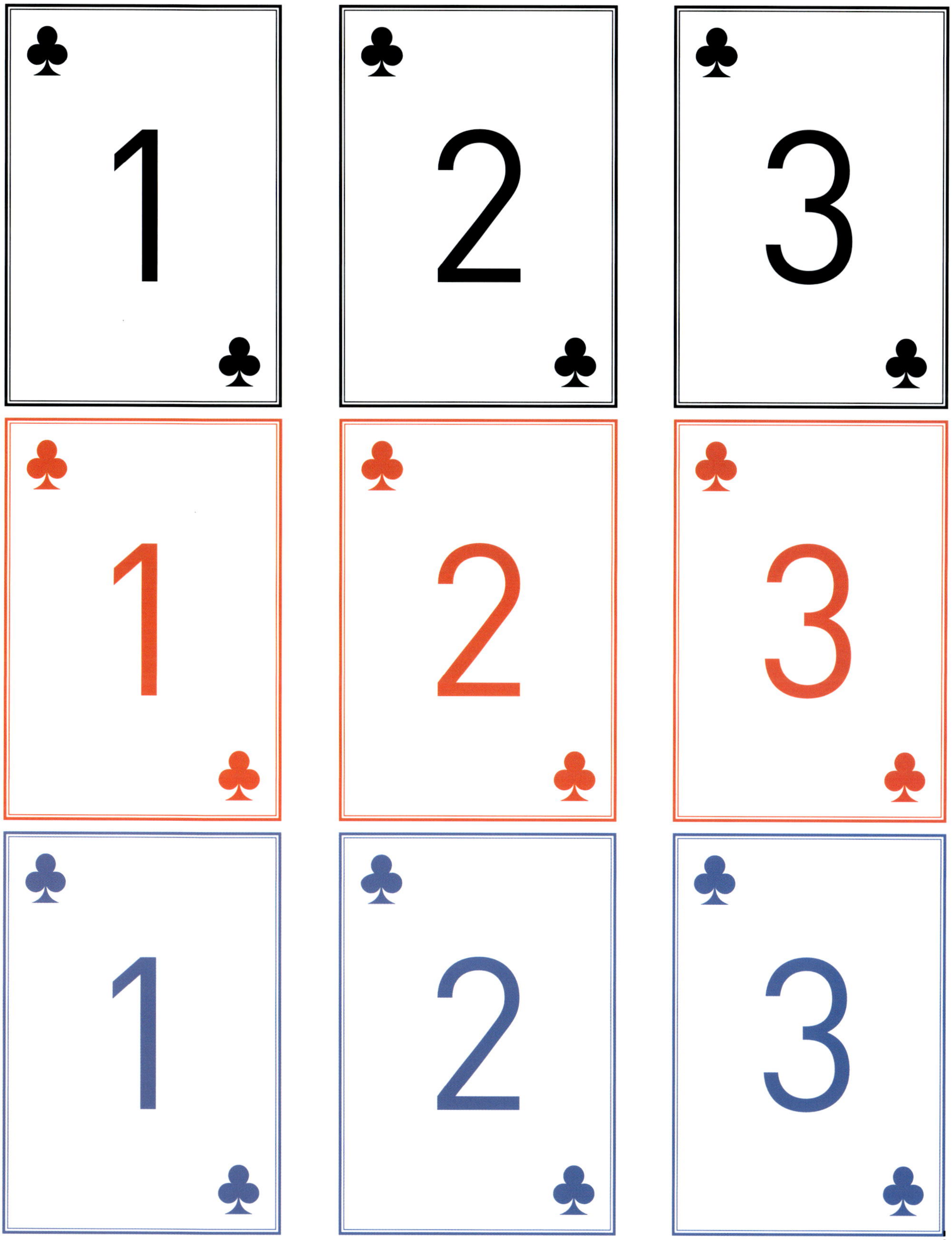

♣ 1 ♣	♣ 2 ♣	♣ 3 ♣
♣ 1 ♣	♣ 2 ♣	♣ 3 ♣
♣ 1 ♣	♣ 2 ♣	♣ 3 ♣

 부록 ⑪

선을 따라 오려서 사용하세요.

PART01-12 · 숫자 카드

1	2	3
1	2	3
1	2	3

 부록 ⑫　　　　　　　　　　　　　선을 따라 오려서 사용하세요.

PART01-12 · 숫자 카드

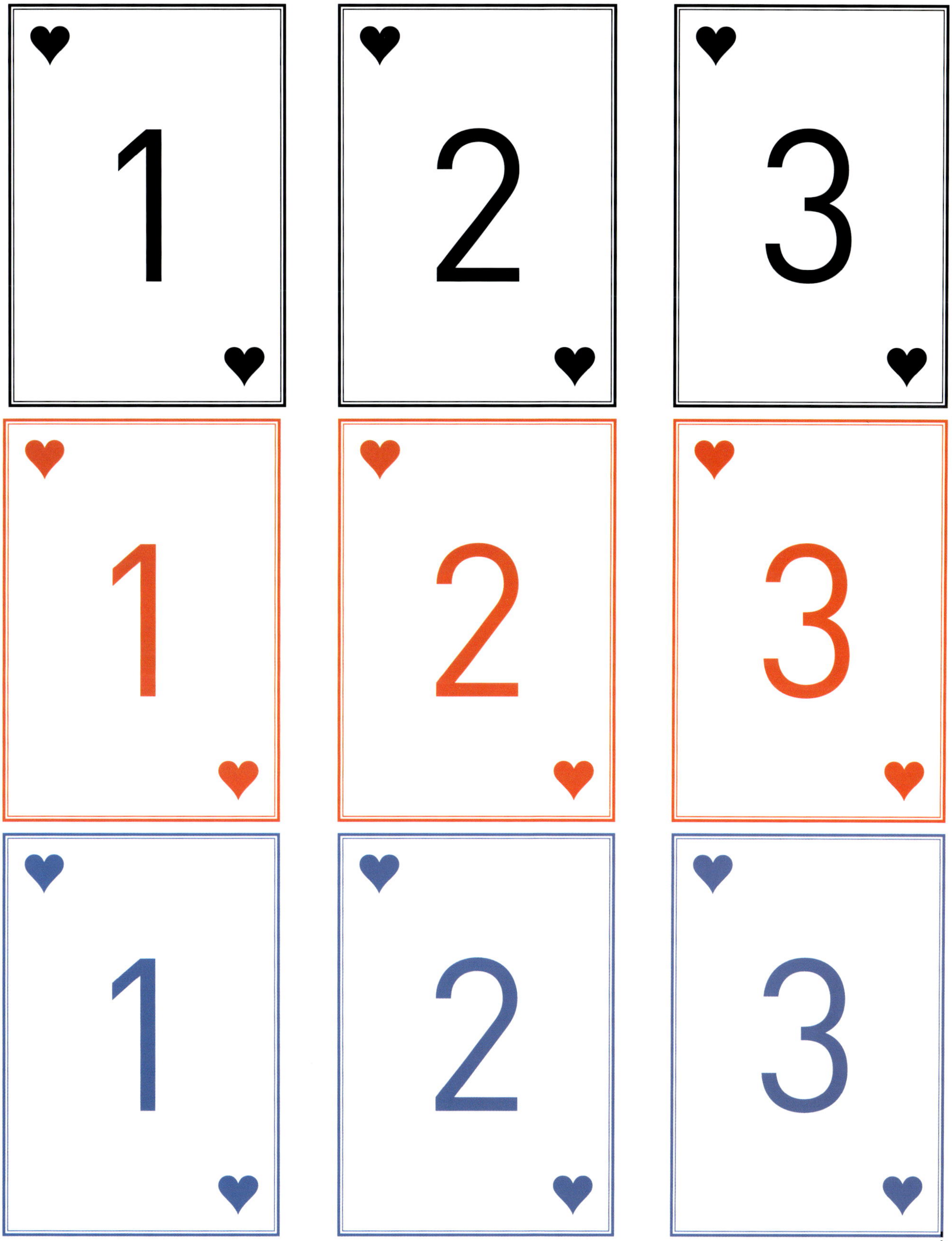

1	2	3
1	2	3
1	2	3

PART02-02 · 시계 약속 카드

선을 따라 오려서 사용하세요.

 부록 14

모양을 따라 오려서 사용하세요.

PART02-03 · 마음 상태 카드

아픔	심심	우울
놀람	행복함	짜증
슬픔	피곤함	즐거움
설레임	고민중	반함

 부록 ⑪　　　　　　　　　　　　　선을 따라 오려서 사용하세요.

PART01-12 숫자 카드

1	2	3
1	2	3
1	2	3

PART02-03 · 날씨 상태 카드

모양을 따라 오려서 사용하세요.

맑음	구름 조금	흐림
비 조금	많은 비	눈
우박	천둥번개	비온 뒤 갬
태풍	무지개	폭설

PART02-03 부호화 활동지 결과물 예시

마음지수	상태 카드	내용	부호화
1	😊	행복함	000
2	😄	즐거움	001
3	😉	설레임	010
4	😐	심심함	011
5	😴	피곤함	100
6	😢	슬픔	101
7	😣	짜증남	110
8	☹️	우울	111

PART01-01 · 명령 기호 작성지

(예시)	➡	➡	➡	⬆	➡

PART01-02 · 연필 코딩지

❶

1	2	3	4	5
6	7	8	9	10
11	12	13	14	15
16	17	18	19	20

❷

1	2	3	4	5
6	7	8	9	10
11	12	13	14	15
16	17	18	19	20

❸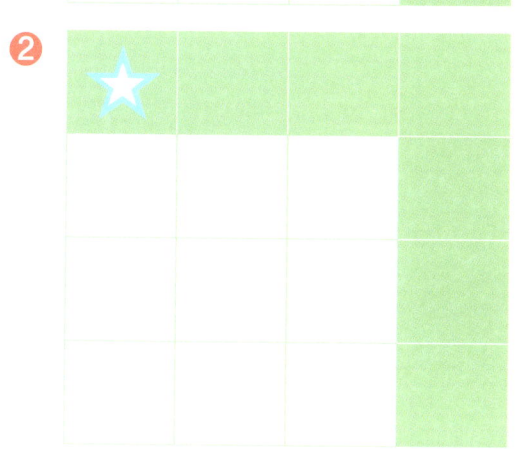

1	2	3	4	5
6	7	8	9	10
11	12	13	14	15
16	17	18	19	20

❹

1	2	3	4	5
6	7	8	9	10
11	12	13	14	15
16	17	18	19	20

 부록 19 ······································· 선을 따라 오려서 사용하세요.

PART01-04 알고리즘 설계지

 **부록 20**

PART01-07 · 조건지

조건 ① 〈그리고〉	범인은 안경을 끼고 있다. 그리고 남자이다.
조건 ② 〈또는〉	범인은 하얀색 티셔츠 입었거나 또는 파란색 티셔츠를 입고 있다.
조건 ③ 〈~아니다〉	범인은 키가 160cm를 넘지는 않는다.

조건 ① 〈그리고〉	
조건 ② 〈또는〉	
조건 ③ 〈~아니다〉	

 부록 21

PART02-01 · 숫자 약속지

0	1	2
끄기	켜기	
3	4	5
6	7	8
9		

PART02-01 · 문자 약속지

A	B	C
끄기(0)	켜기(1)	
D	E	F
G	H	I
J	K	L
M	N	O
P	Q	R
S	T	U
V	W	X
Y	Z	

 **부록 22**

PART02-03 부호화 활동지

그림 카드 중 내 마음을 표현하는 8가지 마음 상태 카드를 선택하여 마음 지수 1~8까지 나열해보세요. 그리고 어떤 상태인지 간단하게 내용을 쓰고, 0과 1로 부호화 시켜봅니다.

마음지수	마음 상태 카드	내용	부호화
1			
2			
3			
4			
5			
6			
7			
8			

 부록 23

PART02-03 · 부호화 활동지

그림 카드 중 날씨를 표현하는 8가지 날씨 상태 카드를 선택하여 상태 지수 1~8까지 나열해보세요. 그리고 어떤 상태인지 간단하게 내용을 쓰고, 0과 1로 부호화 시켜봅니다.

상태지수	날씨 상태 카드	내용	부호화
1			
2			
3			
4			
5			
6			
7			
8			

부록 24

PART02-05 · 줄 서기 판

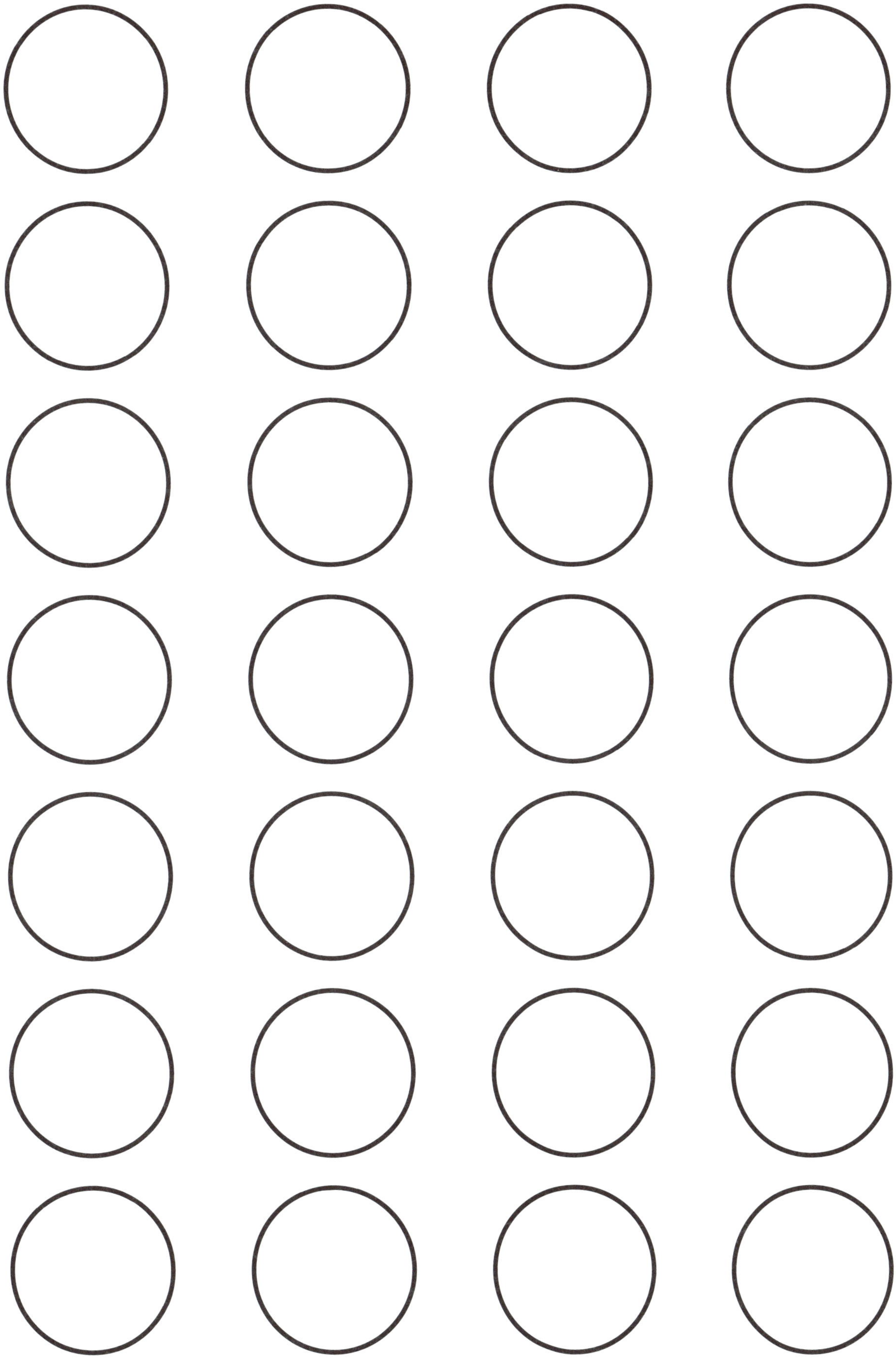

 부록 25

선을 따라 오려서 사용하세요.

PART02-07 목마 그림 카드

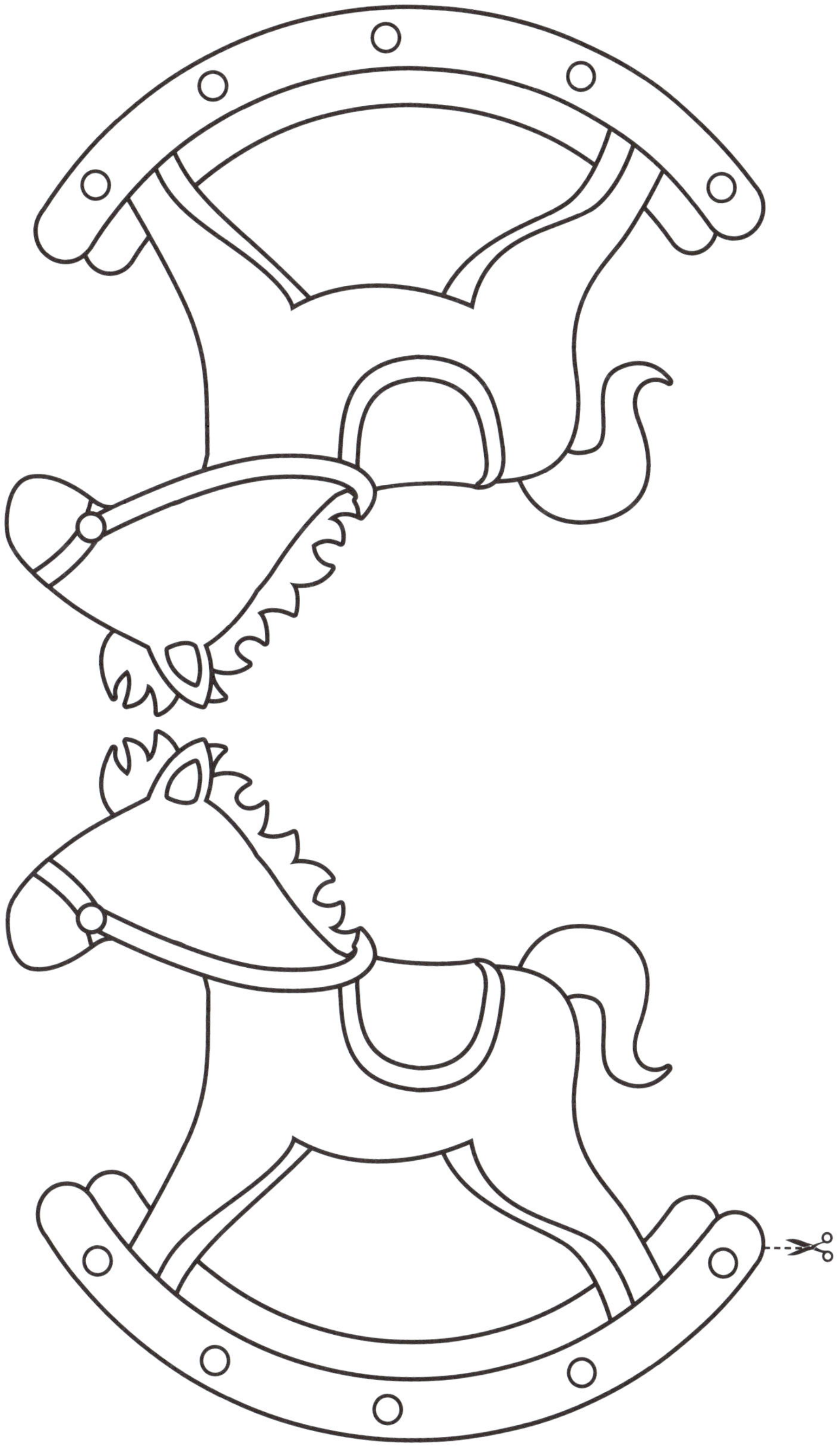

 부록 26   선을 따라 오려서 사용하세요.

PART02-07 · 연결 막대

 부록 27

선을 따라 오려서 사용하세요.

PART02-08 · VR 안경

선을 따라 오려서 사용하세요.

PART02-09 · AR 안경

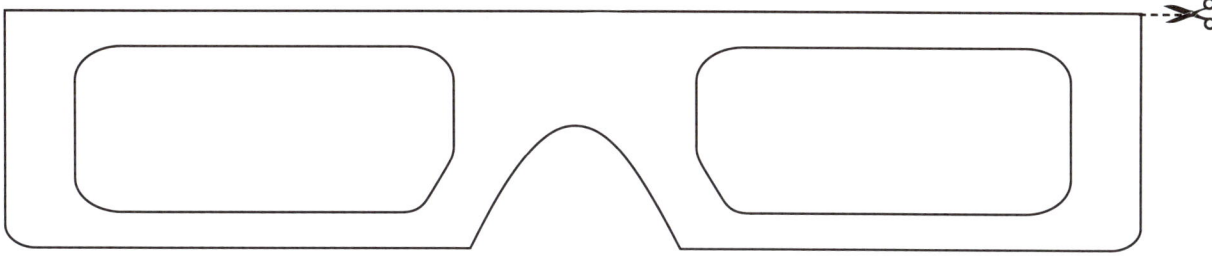

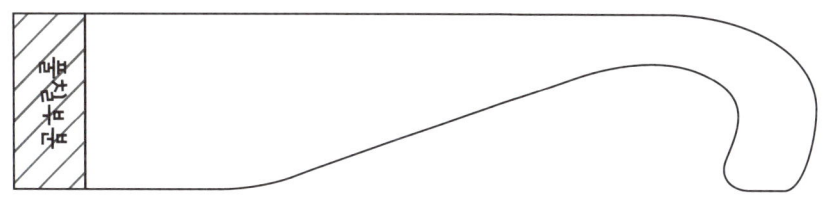

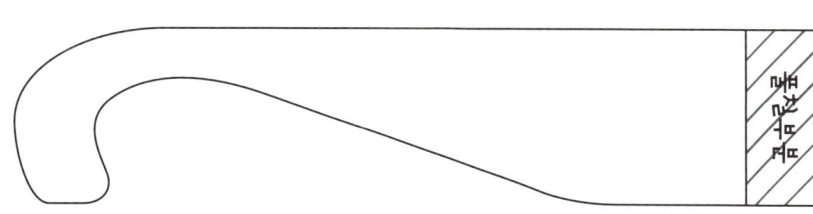

투명 필름지에 대고 자르세요.	투명 필름지에 대고 자르세요.
투명 필름지에 대고 자르세요.	투명 필름지에 대고 자르세요.